HORÓSCOPO 2024 LEO

Angeline A. Rubi
Alina Rubi

Publicado Independientemente

Derechos Reservados © 2024

Astrólogas: Alina A. Rubi y Angeline Rubi

Edición: Angeline. Rubi

rubiediciones29@gmail.com

¿Quién es Leo?

Fechas: 24 de julio – 23 de agosto

Día: Domingo

Color: Amarillo, dorado

Elemento: Fuego

Compatibilidad: Acuario, Sagitario, Aries,

Símbolo:

Modalidad Fijo

Polaridad: Masculina

Planeta regente: Sol

Casa 5

Metal: Oro.

Cuarzo: Rubí, diamantes, Onyx.

Constelación: Leo

Personalidad de Leo

Su personalidad resulta, simplemente exuberante. Regido por el Sol, posee una fuerza que motiva a moverse a los demás y siempre quiere brillar y dominar.

Esta cualidad, puede convertirse en un defecto porque puede ser bastante dominante. No conoce la venganza, es generoso en lo material y en lo personal, y es el mejor jefe para un grupo.

Este es un signo entusiasta, creativo y muchas veces comprensivo con las circunstancias de los demás; adoran los lujos y las aventuras; correr riesgos les motiva.

También se caracterizan por tener un elevado concepto de todo, especialmente, de sí mismos, por eso huyen de la vulgaridad.

Son organizados, suelen destacar en puestos de responsabilidad y tienen una gran habilidad para conseguir el equipo que les permita desarrollar sus objetivos. Los obstáculos no les impiden avanzar. Es más, con ellos se crecen.

Son leales y protectores. Son excelentes amigos, afectuosos y protectores. No fallan a sus seres queridos y eso hace que, de vez en cuando, se vean implicados en los problemas de otras personas.

Son malos perdedores: son bastante ambiciosos y desafiantes y también les gusta presumir. Si algo no les sale como esperan, reaccionan de forma destructiva.

Aprovechan cada segundo, aman la vida, adoran divertirse y disfrutan con todo tipo de espectáculos: música, cine, teatro, naturaleza. Si no pueden disfrutar de sus aficiones, les cambia el humor y se apagan.

Son enamoradizos, es un sentimiento que les encanta y es uno de los ingredientes fundamentales de esa salsa de la vida que buscan siempre. Con su pareja les gusta sentirse admirados y alabados.

Elegantes desde la cuna, ¿Te has fijado cómo caminan y cómo se mueven? En general los nativos de Leo tienen un físico llamativo, caminan de forma elegante, y suelen tener miradas arrebatadoras.

Orgullosos y altaneros, pueden pecar de una cierta tiranía y, por momentos, ser algo déspotas.

Horóscopo de Leo

General

2024 trae energías de segundas oportunidades para los Leo, así que considera lo que esto podría significar para ti.

Puede haber grandes cambios en tus relaciones, la forma en que las abordas y las manejas, las personas que atraes y lo que quieres y necesitas en tus relaciones personales.

Los Eclipses Lunares traen un enfoque intenso en lo que necesitas transformar para mejorar tus relaciones. Es posible que tengas que lidiar con algo de lo que has huido durante algún tiempo, y esto puede ser molesto, pero en última instancia te ayudará a avanzar.

Puedes sentirte más ambicioso y esforzarte por alcanzar el triunfo. Alcanzarás algún tipo de éxito que ha tardado años en producirse.

Te sentirás emocionado con el trabajo que estás haciendo, y si te falta pasión por él, este año puedes concentrarte en tratar de encontrar un nuevo trabajo.

Las Lunas nuevas te darán la oportunidad de buscar un nuevo trabajo, si eso es lo que deseas, y puedes comenzar nuevos proyectos y concentrarte en lo que te entusiasma hacer.

Es probable que necesites hacer algunos cambios importantes, pero debes ser inteligente al respecto. Si amas lo que haces, puedes hacer grandes avances y triunfar. Pueden surgir oportunidades que te ayudarán a invertir, y encontrarás formas creativas para sentirte más seguro en la manera que inviertes tu dinero.

Debes proteger tu salud, no intentes hacer todo a la vez. Trata los asuntos a medida que surjan.

Los momentos en los que te encontrarás cara a cara con desafíos fuertes son el comienzo del año y los meses del verano.

Amor

Plutón ha estado en tu área del amor durante más de una década, por lo que has estado más serio e intenso en el amor y lo tomas mucho más en serio. Lo que el amor es, y significa para ti, ha sufrido una transformación, pero ahora te sientes más alineado con lo que es verdad para ti. Ya sabes lo que realmente quieres y necesitas en una relación y si te comprometes estás dispuesto a dar.

Durante los periodos de Mercurio retrógrado los problemas existentes en tus relaciones amorosas se acrecentarán y esto puede hacer que te sientas frustrado e impaciente con los demás, pero necesitas trabajar en todos estos problemas y mejorar.

Este año puede ser un buen momento para reavivar las llamas de una relación existente o reconectarte con un viejo amor, especialmente con las Lunas nuevas que te pueden brindar oportunidades para hacerlo. De todos modos, debes tratar de nutrir tus conexiones con los demás y darles apoyo.

Saturno y Neptuno estarán en tu sector de intimidad todo el año, y por esa razón tener una conexión espiritual es importante para ti con aquellos con los que estás más cerca. Estarás más firme y realista al tratar con tus vínculos emocionales con los demás.

Puedes concentrarte en viejos problemas y traumas que se ha interpuesto en el camino de estos lazos de manera saludable, y aprender lecciones sobre el pasado que te ayuden a crear mejores vínculos en el futuro.

Para algunos Leo, el amor podría conducir al matrimonio. Si eres un Leo soltero, prepárate para encontrar tu verdadero amor. Pero ten cuidado, no debes confiar en todos porque algunas personas que podrían tratar de aprovecharse de tu bondad.

Los Leo casados verán felicidad y crecimiento en sus familias. Para mantener a tu pareja feliz enfócate en su bienestar. Este año, escribirás recuerdos increíbles con tu pareja. Tu amor crecerá más fuerte, alcanzando nuevas horizontes.

Los malentendidos pueden surgir de vez en cuando, por eso durante los tiempos difíciles, es importante que seas paciente. Recuerda respetar las decisiones de tu pareja y no forzar tus opiniones. Con paciencia, mantendrás tu relación fuerte y feliz.

Algunos Leo podrían reconectarse con un amor del pasado, así que mantengan su corazón abierto. Podrán aclarar viejos malentendidos y disfrutar del amor.

Apreciarás cada momento, y tus relaciones familiares se fortalecerán con amor, y comprensión.

Economía

Urano se une a Júpiter hasta el 25 de mayo en tu área del dinero. Este combo es fabuloso para hacer progresos repentinos y experimentar el éxito de manera rápida, inesperada y poco convencional. Puedes abordar tus objetivos y planes a largo plazo de una nueva forma, y esto te abrirá más puertas.

El 2024 será una mezcla de ganancias y pérdidas. Tu arduo trabajo te aportará dinero, pero la familia y otros problemas te van a causar inestabilidad financiera. Trata de ahorrar dinero para cuando se presenten situaciones difíciles. Gastar sabiamente puede ahorrarte algunos dolores de cabeza.

La primera mitad del año tendrás una mezcla de tiempos buenos y desafiantes ya que tus gastos aumentarán, pero también ganarás más dinero. Si no controlas tus gastos, podrías enfrentar problemas financieros.

De todos modos, gracias a Júpiter, si te lo propones, podrás ahorrar dinero ya que te llegarán recursos de diferentes fuentes y podrás comprarte una casa, si eso es algo que has venido deseando.

Sino tienes seguro médico los costos de atención médica pueden dañar tu economía. Por eso debes vigilar tus gastos y ser inteligente con tu dinero. Recuerda tomar decisiones financieras sabias.

Salud de Leo

Este año tendrás una salud fantástica. Te sentirás enérgico, feliz y fuerte, tanto en cuerpo como en mente y alma. Ser mentalmente fuerte es importante, y por suerte comenzarás el año con una mentalidad bien fuerte. Sentirte saludable te ayudará a tener éxito en tu trabajo.

Estarás saludable y libre de enfermedades. Si tiene algún problema de salud crónico, este podría ser el año para superarlo. Para mantenerte sano, intenta agregar la meditación y ejercicios a tu rutina diaria. No olvides que mantener tu mente tranquila y libre de estrés es clave para mantenerse saludable.

El descanso es importante para una buena salud, debes beber mucha agua y exponerte a la luz solar para obtener vitamina D.

Los Leo adultos podrían tener dolores en las rodilla o en las articulaciones, específicamente durante la temporada de invierno.

Cambia tus hábitos alimenticios para una mejor salud. Se cuidadoso con los accidentes y lesiones, especialmente al conducir o practicar deportes.

Familia

Estarás enfocado en los asuntos de tu hogar y la familia. Trabajarás para terminar proyectos en tu casa, y esto te ayudará a sentirte más cómodo, estable y seguro emocionalmente.

Durante los periodos de Luna llena los problemas familiares pueden salir a flote, es importante abordarlos y resolverlos.

El entorno familiar será muy tranquilo y armonioso de forma general durante el año. Cualquier problema que surja se resolverá de forma amistosa. Pueden existir problemas de salud con los miembros adultos de la familia que requieran atención médica.

Las obligaciones profesionales quizás te alejen de los miembros de tu familia, pero habrá celebraciones y adición de nuevos miembros a la familia.

Pueden suceder rupturas ocasionales con tu pareja debido a desavenencias familiares. Se muy cuidadoso al tratar con tus hermanos, ya que pueden tener problemas legales debido a herencias o legados. No actúes apresuradamente.

Quizás logres establecer en una relación estable si eres soltero, en general existen numerosas oportunidades de mejorar tus relaciones amorosas.

Fechas Importantes

25 de marzo - *Eclipse Lunar en Leo (Luna Llena)*

Este Eclipse le pondrá fin a las actitudes que te hacen daño. Debes tratar de ponerle límites a las personas que se han atravesado en tu vida. Existe la posibilidad de que termines una relación tóxica, y será para tu bien.

2 de julio - *Mercurio entra en Leo.*

11 de julio - *Venus entra en Leo. Este tránsito impactará en tus relaciones sentimentales y en la forma en que te relacionas con los demás. También puedes volverte ms dramático y exigente en las relaciones, por lo que debes tener mucho cuidado.*

22 de julio- *El Sol entra en Leo. Feliz Retorno del Sol.*

08/04/2024 Luna Nueva en Leo. *Durante este período estarás entusiasmado, emocionado y listo para la acción. Las oportunidades pueden venir en tu camino. Debes tomar iniciativas e ir por lo que quieres, y hacer que las cosas sucedan. Esta Luna nueva llega unos días antes de que Mercurio retrógrado en tu* *signo, por lo que puede estar más enfocada en una segunda oportunidad.*

8/14/2024 al 8/28/2024 Mercurio retrógrado en Leo *(después de comenzar en Virgo). Esto puede provocar muchos malentendidos, falta de concentración, y puedes sentir que pequeñas cosas siguen apareciendo y exigiendo su atención. Puedes estar disperso, ansioso y estresado. Trata de tener algunas estrategias saludables para manejar el estrés antes de que comience el retrógrado para que puedas manejarlo bien y sea fácil.*

04 de noviembre- *Marte entra en Leo. Marte en tu signo es tradicionalmente un momento de gran energía y entusiasmo por nuevos comienzos y negocios. Estarás entusiasmado con las oportunidades que tienes. Aprovecha esto temprano porque Marte va a estar retrógrado a partir del 6 de diciembre en tu signo, y termina el año retrógrado en Leo. Esto puede amplificar tus frustraciones, y molestias, algo que te puede irritar fácilmente y hacerte explotar. Puedes tener pequeños accidentes como resultado.*

18 de noviembre de 19- *Lluvia de meteoritos Leónidas en Leo. Las lluvias de meteoros representan momentos* de transición. Es una oportunidad excelente para mostrarte al mundo cómo quieres ser visto. Podrías planificar un viaje o retomar amistades del pasado. Esta lluvia de estrellas representa un momento de fe y confianza.

Horóscopos Mensuales de Leo 2024

Enero 2024

Leo, este mes puedes encontrar el amor mientras todavía estas de vacaciones. Si este no fuera el caso, quizás conozcas a tu media naranja en la escuela o el trabajo.

Tu carisma te hará vivir encuentros envidiables y el erotismo se apoderará de tu vida. Desgraciadamente, cuando todo parezca estar bien el fantasma de los celos se aproximará silenciosamente y te afligirá con los temores más irreales.

Los Leo más ecuánimes desecharán sus dudas. No habrá ninguna novedad en el trabajo, todo seguirá su ritmo y no habrá cambios específicos.

Después del 23 debes ser muy paciente y tener cuidado en la forma que te comunicas, es importante que no hagas promesas que no puedes cumplir. Trata *de expresar tus emociones correctamente, aunque no estes satisfecho.*

En el trabajo tendrás un excelente rendimiento y productividad, sin embargo, es aconsejable que te concentres en completar las tareas pendientes,

El éxito estará presente en tu vida, pero no debes sobrestimar su impacto e involucrarte en cualquier inversión o compra grande. Si eso pasara corres el riesgo de perder liquidez económica.

Leo debe confiar en su intuición a la hora de buscar fuentes de ingresos.

Enero es un buen momento para concebir un hijo.

Números de la suerte
6 - 10 - 12 - 14 - 31

Febrero 2024

En este mes del amor estarás entusiasmado y querrás hacer más de una cosa a la vez. No hagas ninguna decisión sin pensar, si actúas por impulso todo te saldrá mal. Te verás envuelto en situaciones turbulentas.

Los que tienen pareja vivirán días satisfactorios en el área sexual. El erotismo caracterizará cada encuentro para los solteros, por lo que es conveniente evitar situaciones ambivalentes.

Se cuidadoso con tu familia cuando viajes sobre todo cuando este lloviendo porque existen peligro de accidentes.

Algunas averías le pueden suceder a los equipos electrodomésticos en tu hogar.

Mucho cuidado al comunicarte. Debes utilizar el tono correcto hasta en los mensajes de texto y correos electrónicos. pero si es la única vía disponible para usted, úsela a su favor. Debes tratar mantener el buen humor en tus comunicaciones como sea posible.

Números de la suerte
2 - 24 - 28 - 29 - 31

Marzo 2024

Experimentarás emociones lineales este mes, te sentirás con confusión en la cabeza, nerviosismo en el corazón y con sentimientos exagerado.

Necesitarás mucha prudencia en el amor, y paciencia con tus colegas de trabajo para poder sobrepasar este periodo tan difícil de afrontar.

Si tienes muchos proyectos e ideas en marcha, debes recordar que todo se concreta con el tiempo. En vez de apurarte lo que debes hacer es aprovechar la oportunidad para perfeccionar tus proyectos.

En el área de las finanzas no serás inmune a los gastos innecesarios que sabotearan tu presupuesto. Trata de ser prudente.

A pesar de las controversias con tus colegas y superiores, lograrás tus objetivos y conseguirás importantes mejoras materiales. Los que trabajen independientes tendrán un apoyo del destino para tener éxito en todo lo que comiencen y así podrán aumentar su poder adquisitivo.

Al final del mes deja que la vida te sorprenda y disfruta de los placeres que ella te ofrece, recuerda que no solo el trabajo es importante, debes divertirte y pasar tiempo con tus amistades.

Números de la suerte
3 - 6 - 11 - 19 – 21

Abril 2024

Este mes el amor estará muy bien, si estás empezando a conocer a alguien probablemente se sentirán muy conectados, solo debes ser paciente.

La familia pasará a un segundo plano este mes, pero no te sentirás culpable como otras veces.

No dejes de conocer a esa persona que aparecerá repentinamente en tu vida, aunque sientas temor es importante que no confundas esa sensación de incertidumbre con miedo. Lo que tienes son dudas, relacionadas con experiencias malas que tuviste en el pasado. Debes darle una oportunidad al amor.

Vigila con cuidado tu salud. El ritmo apresurado de la vida puede obligarte a ignorar ciertas enfermedades recurrentes, lo que puede llevarte a consecuencias desafortunadas. Debes tener un equilibrio racional entre el trabajo y descanso. Debes tener un pasatiempo, comprar cosas deseadas desde hace mucho tiempo, reunirte con amigos o pasar tiempo con tu familia.

Al final del mes tendrás que hacer decisiones importantes sobre tu futuro laboral. Sino tienes trabajo deberás analizar algunas opciones que no se ven favorables en este periodo.

Números de la suerte

9 - 10 - 16 - 20 - 31

Mayo 2024

Una persona que conoces mucho está teniendo sentimientos con respecto a ti. Ese cambio de actitud es el síntoma de que tú le interesas.

Hay muchas cosas sucediendo en tu hogar, que quizás no las sepas.

Puede ser que un viaje de negocios te espere a final de mes.

No debes invertir en propiedades o comprar autos, este tipo de compras te pueden causar problemas. Implicará más gastos de los que esperabas al principio.

Los Leo solteros buscarán pareja, recuerda que una primera impresión y temas interesantes de conversación son importantes. Es mejor que actúen sin prisa para que eviten arruinar una relación satisfactoria.

Trabajas con muchas personas, y a veces algunas son insoportables. No permitas que esto te afecte, comienza a aceptar los errores de otros, así como ellos aceptan los tuyos. Tendrás un enfrentamiento con alguien de tu trabajo, no permitas que se rompa la relación.

Números de la suerte
7 - 8 - 16 - 22 – 31

Junio 2024

Este mes no dejes que los errores del pasado te impidan volver a amar, debes dar ese gran paso con esa persona que estas conociendo. No permitas que otras personas se involucren en tu relación de pareja.

Comenzarás este mes luchando con tu mal humor, y te sentirás muy presionado y confundido. En lugar de estar dando vueltas debes tomarte un descanso. Utiliza ese tiempo para pensar en lo que quieres hacer. En el área financiera tendrás algunos altibajos que serán difíciles de manejar a menos que seas organizado con tus gastos.

Necesitas hacer cambios en la forma que estás realizando tu trabajo, te cuesta mucho esfuerzo hacer ciertas cosas, sobre todo si se trata de tecnología.

De todo modos al final del mes tendrás mucho entusiasmo y sobresaldrás en todo lo que hagas. Esto puede causar que envidien tu éxito.

Este mes tendrás problemas relacionados con el sistema digestivo, así que concéntrate en una dieta sana y equilibrada, trata de descansar mucho. Trata de encontrar paz y tu propia armonía.

Números de la suerte
5 - 9 - 13 - 20 - 26

Julio 2024

Este no es un buen mes para que comiencen romances, y los que tienen relaciones establecidas la situación será crítica. Debes tomar decisiones inteligentes en el amor, si lleva tiempo saliendo con alguien y esa persona tiene todo lo que necesitas para ser feliz, no tengas miedo a establecer un compromiso serio.

Debes revisar tu dieta. Camina al aire libre y has ejercicios con frecuencia. Debes perder el miedo a terminar las relaciones tóxicas ya que tienes que tomar el control de tu vida. Es el momento para comenzar a abandonar los malos hábitos.

Las restricciones que estas poniendo a tu vida y a la de tus familiares, debes dejarlas. No tienes por qué influir en la vida ajena todo el tiempo. Si alguien está haciendo algo que no es correcto aconséjalo, pero no decidas por esa persona.

Antes de tomar decisiones sobre inversiones importantes debe hablar con tus seres queridos. Tu familia te ayudará a lograr el éxito. Escucha sus ideas. Una planificación económica adecuada combinada con un gasto racional te dará como resultado la estabilidad financiera que necesitas.

Números de la suerte

18 - 20 - 25 - 28 - 32

Agosto 2024

Durante este mes recuerda que no debes cargar con los culpas de otras personas, aunque se trate de tu pareja o padres. Cada cual debe ser responsable de su crecimiento.

Debes tener claro lo que quieres si vas a acercarte a esa persona que te atrae porque esta persona se trata de alguien que no acepta juegos, y desea formar una pareja para toda la vida. Probablemente sea tu alma gemela.

No puedes generar más dinero si no inviertes. Has estado muy cómodo en tu zona de confort, pero tienes dar un salto de fe.

A final del mes ciertos obstáculos sabotearán tus planes con retrasos y falta de comunicación. Existe la posibilidad de viajar al extranjero, tanto por diversión, como por negocios. Recuerda no dejar pasar la oportunidad de renovarte en tu área profesional, no pretendas tener éxito con los mismos conocimientos que adquiriste en tu etapa de estudios, es bueno seguir aprendiendo. Debes ingresar en cursos de perfeccionamiento, conocer nuevas tecnologías y aprender a usarlas.

Números de la suerte
9 - 13 - 21 - 22 - 27

Septiembre 2024

Este mes hay aspectos planetarios que afectarán tu profesión. Una persona sin escrúpulos hará que te retrases en un proyecto.

Si no tienes pareja, debes pensar en salir con amigos y socializar porque el amor literalmente se encuentra en tu camino. Recuerda que, aunque hay caos por todas partes, esto no tiene por qué afectarte. Trata de no permitir que los problemas de otros sean los tuyos. Trata de estar cerca para observar, pero lejos para que mantengas tus manos limpias.

Este mes tendrás la necesidad de llamar a alguien para pedirle disculpas por un error que cometiste, podría tratarse de una expareja.

Estás comenzando una etapa clave en tu vida, es momento de comenzar a pensar en los pasos que tienes que dar para conseguir todo lo que te has propuesto.

Tus acciones al final del mes darán los resultados que has deseado. Las cosas volverán a la normalidad. Si, por casualidad, un proyecto se retrasa, no intentes apresurarlo, aprovecha para estructurarlo un poco más, porque el retraso es señal de que debes cuidar detalles que has estado ignorando.

Números de la suerte
5 - 6 - 26 - 31 - 33

Octubre 2024

Este mes te encontrarás en situaciones que te despertarán emociones muy fuertes con las que no podrás lidiar. Te tomarás todo personalmente.

Financieramente es aconsejable que no hagas demasiadas compras grandes. Trata de mantener tus gastos bajo control.

Podrás llegar a acuerdos beneficiosos con tus superiores, aunque los resultados finales los verás con el tiempo. Debes ser muy cuidadoso con tus reacciones.

Debes comenzar a cuidar más tu salud, es probable que tengas algún padecimiento, no te decaigas si algún resultado médico no sale como esperabas, podrás dar vuelta a esta situación más adelante.

Te enfrentarás con alguien que tiene muchas influencias en tu trabajo, no puedes dejar que te pase por encima, si lo permites siempre será así.

Algunos conflictos familiares te amargaran la vida a final del mes, es recomendable que dejes los problema a un lado y no permitas que se agrande la diferencia que han tenido.

Números de la suerte
4 - 5 - 18 - 20 - 32

Noviembre 2024

Este mes dejarás de lado muchas cosas que te gustan y le darás prioridad al trabajo para ganar más dinero. No dejes de practicar ejercicios ya que eso trae grandes beneficios a tu salud y a tu estado de ánimo. Debes también dejar espacio para la diversión, no siempre todo debe ser trabajo, debes comenzar a disfrutar más.

Tendrás muy poca paciencia con las personas que trabajas y eso te provocará malestares hasta el punto de querer abandonar tu puesto y buscar otras opciones. Los roces son normales, sobre todo cuando compartimos con las mismas personas todos los días. No debes irte del lugar donde estás porque es probable que no encuentres algo con las mismas condiciones.

No es buena idea que le reclames a tu pareja por todo. El amor es una inversión. El dinero, el tiempo y el esfuerzo que invertimos se transforma en el bienestar de la persona que amamos.

Quizás desees asociarte con una persona que no conoces para comenzar un negocio. Debes formular tus estrategias con prudencia.

Números de la suerte
3 - 25 - 28 - 34 - 36

Diciembre 2024

Los aspectos planetarios de este mes podrían arruinar tus esfuerzos. Las posibilidades de confundirte con tus ideas serán abundantes, así que no tomes ninguna decisión o abras la boca sin pensar.

La forma en la que ganas dinero cambiará. Tienes la oportunidad de un logro importante en tu trabajo.

Necesitas ser más tolerante con tu pareja, no puedes estar todo el tiempo pensando que los errores que comete son un motivo para poner fin a la relación.

Desafortunadamente, las consecuencias de las decisiones tomadas hace meses te afectarán. Debes dejar de lado tus ambiciones y enfocar tu atención en los asuntos familiares. Si está planificando cambios en tu área profesional, es mejor que esperes al próximo año.

Si deseas una relación, el amor te está esperando, hay una oportunidad para un romance apasionado en el horizonte. Al final del mes con las fiestas puedes sufrir de problemas estomacales, que no debes subestimar. Las personas con sobrepeso deberían comenzar a planificar adelgazar en enero. Al cerrar el año, las cosas se te escapan de las manos o se retrasan.

Números de la suerte

5 - 11 - 16 - 34 - 36

Las Cartas del Tarot, un Mundo Enigmático y Psicológico.

La palabra Tarot significa "camino real", el mismo es una práctica milenaria, no se sabe con exactitud quién inventó los juegos de cartas en general, ni el Tarot en particular; existen las hipótesis más disímiles en este sentido.

Algunos dicen que surgió en la Atlántida o en Egipto, pero otros creen que los tarots vinieron de la China o India, de la antigua tierra de los gitanos, o que llegaron a Europa a través de los cátaros. El hecho es que las cartas del tarot destilan simbolismos astrológicos, alquímicos, esotéricos y religiosos, tanto cristianos como paganos.

Hasta hace poco algunas personas si le mencionabas la palabra 'tarot' era común que se imaginaran una gitana sentada delante de una bola de cristal en un cuarto rodeado de misticismo, o que pensaran en magia negra o brujería, en la actualidad esto ha cambiado.

Esta técnica antigua ha ido adaptándose a los nuevos tiempos, se ha unido a la tecnología y muchos jóvenes sienten un profundo interés por ella.

La juventud se ha aislado de la religión porque consideran que ahí no hallarán la solución a lo que necesitan, se dieron cuenta de la dualidad de esta, algo que no sucede con la espiritualidad. Por todas las redes sociales te encuentras cuentas dedicadas al estudio y lecturas del tarot, ya que todo lo relacionado con el esoterismo está de moda, de hecho, algunas decisiones jerárquicas se toman teniendo en cuenta el tarot o la astrología.

Lo notable es que las predicciones que usualmente se relacionan al tarot no son lo más buscado, lo relacionado al autoconocimiento y la asesoría espiritual es lo más solicitado.

El tarot es un oráculo, a través de sus dibujos y colores, estimulamos nuestra esfera psíquica, la parte más recóndita que va más allá de lo natural. Varias personas recurren al tarot como una guía espiritual o psicológica ya que vivimos en tiempos de incertidumbre y esto nos empuja a buscar respuestas en la espiritualidad.

Es una herramienta tan poderosa que te indica concretamente qué está pasando en tu subconsciente para que lo puedas percibir a través de los lentes de una nueva sabiduría.

Carl Gustav Jung, el afamado psicólogo, utilizó los símbolos de las cartas del tarot en sus estudios psicológicos. Creó la teoría de los arquetipos, donde descubrió una extensa suma de imágenes que ayudan en la psicología analítica.

El empleo de dibujos y símbolos para apelar a una comprensión más profunda se utiliza frecuentemente en el psicoanálisis. Estas alegorías constituyen parte de nosotros, correspondiendo a símbolos de nuestro subconsciente y de nuestra mente.

Nuestro inconsciente tiene zonas oscuras, y cuando utilizamos técnicas visuales podemos llegar a diferentes partes de este y desvelar elementos de nuestra personalidad que desconocemos. Cuando logras decodificar estos mensajes a través del lenguaje pictórico del tarot puedes elegir que decisiones tomar en la vida para poder crear el destino que realmente deseas.

El tarot con sus símbolos nos enseña que existe un universo diferente, sobre todo en la actualidad donde todo es tan caótico y se les busca una explicación lógica a todas las cosas.

El Mundo, Carta del Tarot para Leo 2024

Símbolo de éxito, victoria y una vida cómoda. Significa la realización de tus planes. Es el final y el principio de algo mejor, un nuevo ciclo en tu vida.

Tus esfuerzos finalmente darán frutos, e indica que has llegado al final de un viaje o has completado un periodo importante en tu vida.

Tú has sufrido dificultades y desafíos a lo largo del camino, pero éstos sólo te han hecho más fuerte y sabio. Con más experiencia que cuando comenzaste por primera vez el viaje.

Esta carta del Tarot es un indicador de un cambio importante e inexorable, de amplitud tectónica. Este cambio representa una oportunidad para que termines con lo viejo y des buen inicio a lo nuevo.

Indica madurez, un sentido de equilibrio interno y un entendimiento más profundo.

Sugiere que puedes estar aproximándote a una compresión más madura de tu identidad y la seguridad en ti mismo que viene con la edad.

También representa la caída de las barreras, a veces de sentido espiritual, pero a veces en el sentido puramente físico, indicando un futuro con viajes.

Runas del Año 2024

Las runas son un conjunto de símbolos que forman un alfabeto. "Runa" significa secreto y simboliza el ruido de una piedra chocando con otra. Las runas son un antiguo método visionario y mágico.

Las runas no sirven para predicciones exactas, pero sí para orientarte sobre un hecho futuro, un tema o una decisión.

Las runas tienen un significado específico para la persona que lo desee, pero también algún mensaje relacionado con las adversidades que se presentan en la vida.

Othila, Runa de Leo 2024

Antiguamente, los vikingos le daban extrema importancia a la runa Othila ya que simboliza el bienestar familiar, y el hogar.

Othila es una runa beneficiosa para adquirir propiedades, e invertir en cosas materiales. Te pronostica el triunfo en lo que comiences, desarrollo personal, y metas cumplidas. Pronostica que recibes el premio por tu valentía y surgen oportunidades para avanzar.

Esta runa indica que debes pedir consejos a personas profesionales para que le puedas hacer frente a los retos que se avecinan.

No es fácil separarse de quienes estimas, pero es totalmente preciso para lograr tus objetivos, que además perjudicarán tu esfera familiar, social y laboral. Asume el reto y concéntrate en el camino que comienzas.

No debes tener una vida tridimensional, eso te consume. Debes adaptarte y ser hábil para cambiar tu rumbo. No puedes huir siempre, es tiempo de lanzarte, caminar la milla extra, y valerte por ti mismo.

En temas de salud te aconseja que hagas un alto y tomes un buen descanso. Haz estado muy ocupado con muchas cosas a la vez o simplemente haz estado muy activo, es por esto por lo que te recomienda parar.

Tómate unas merecidas vacaciones y recarga la energía, para regresar con el mejor ánimo y seguir con tus proyectos, o empezar nuevas cosas.

Colores de la Suerte

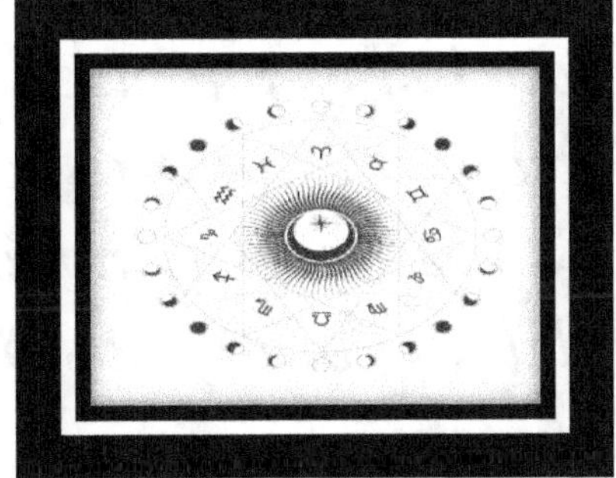

Los colores nos afectan psicológicamente; influyen en nuestra apreciación de las cosas, opinión sobre algo o alguien, y pueden usarse para influir en nuestras decisiones.

Las tradiciones para recibir el nuevo año varían de país a país, y en la noche del 31 de diciembre balanceamos todo lo positivo y negativo que vivimos en el año que se marcha. Empezamos a pensar qué hacer para transformar nuestra suerte en el nuevo año que se aproxima.

Existen diversas formas de atraer energías positivas hacia nosotros cuando recibimos el año nuevo, y una de ellas es vestir o llevar accesorios de un color específico que atraiga lo que deseamos para el año que va a comenzar.

Los colores tienen cargas energéticas que influyen en nuestra vida, por eso siempre es recomendable recibir el año vestidos de un color que atraiga las energías de aquello que deseamos alcanzar.

Para eso existen colores que vibran positivamente con cada signo zodiacal, así que la recomendación es que uses la ropa con la tonalidad que te hará atraer la prosperidad, salud y amor en el 2024. (Estos colores también los puedes usar durante el resto del año para ocasiones importantes, o para mejorar tus días.)

Recuerda que, aunque lo más común es usar ropa interior roja para la pasión, rosada para el amor y amarilla o dorada para la abundancia, nunca está demás adjuntar en nuestro atuendo el color que más beneficia a nuestro signo zodiacal.

Color de la Suerte para Leo

Leo

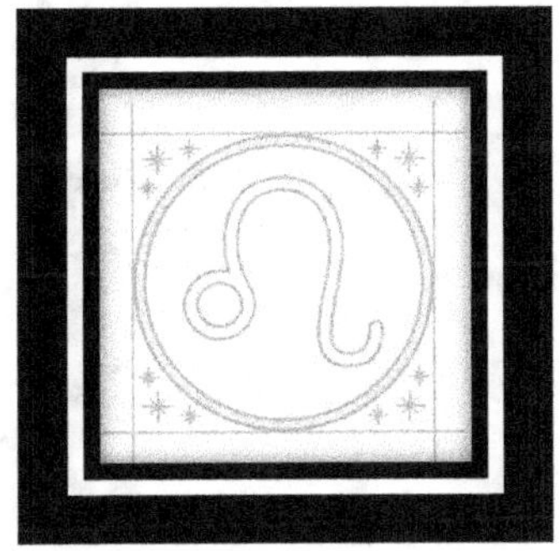

Rosa

Las palabras claves del color rosa son: inocencia, amor, entrega total, y ayuda al prójimo.

El rosa es un color emocionalmente relajado e influye en los sentimientos convirtiéndolos en amables, suaves y profundos.

Nos hace sentir cariño, amor y protección. También nos aleja de la soledad y nos convierte en personas sensibles.

Así como el rojo refleja más la parte sexual, el rosa se asocia al amor altruista y verdadero.

Rosado es el color del amor universal, el amor a uno mismo y a los demás, la amistad, el afecto, la armonía, la paz interior.

Utiliza el color rosa cuando quieras alentar una ya relación, sea amistad o romántica.

Amuletos para la Suerte

¿Quién no posee un anillo de la suerte, una cadena que nunca se quita o un objeto que no regalaría por nada de este mundo? Todos le atribuimos un poder especial a determinados artículos que nos pertenecen y ese carácter especial que asumen para nosotros los convierte en objetos mágicos.

Para que un talismán pueda actuar e influir sobre las circunstancias, su portador debe tener fe en él y esto lo transformará en un objeto prodigioso, apto para cumplir todo lo que se le pida.

Usualmente un amuleto es cualquier objeto que propicia el bien como medida preventiva contra el mal, el daño, la enfermedad, y la brujería.

Los Amuletos para la buena suerte pueden ayudarte a tener un año 2024 lleno de bendiciones en tu hogar, trabajo, con tu familia, atraer dinero y salud. Para que los amuletos funcionen *adecuadamente no debes prestárselos a nadie más, y debes tenerlos siempre a mano.*

Los amuletos han existido en todas las culturas, y están hechos a base de elementos de la naturaleza que sirven como catalizadores de energías que ayudan a crear los deseos humanos.

Al amuleto se le asigna el poder de alejar los males, los hechizos, enfermedades, desastres o contrarrestar los malos deseos lanzados a través de los ojos de otras personas.

Amuleto para Leo

Unicornio.

El unicornio simboliza la esperanza de sanación y la fuerza que todos buscamos. El Unicornio lo puedes utilizar para amplificar tus dones psíquicos.

El unicornio representa la pureza, el amor incondicional y la magia. Esta criatura mitológica ha sido venerada por su fuerza divina y por ser una fuente de energía que nos permite conectar con el reino espiritual. La presencia del unicornio en tu vida te recordará que la magia y el amor están siempre presentes, y que eres fuerte. Es un animal que atrae la buena suerte y la justicia. Como símbolo de pureza y te protegerá y cuidar de todo mal.

Cuarzos de la Suerte

Todos nos sentimos atraídos por los diamantes, rubíes, esmeraldas y zafiros, evidentemente son piedras preciosas. También son muy apreciadas las piedras semipreciosas como la cornalina, ojo de tigre, cuarzo blanco y el lapislázuli ya que han sido usadas como ornamentos y símbolos de poder por miles de años.

Lo que muchos desconocen es que ellos eran valorados por algo más que su belleza: cada uno tenía un significado sagrado y sus propiedades curativas eran tan importantes como su valor ornamental.

Los cristales siguen teniendo las mismas propiedades en nuestros días, la mayoría de las personas están familiarizadas con los más populares como la amatista, la malaquita y la obsidiana, pero actualmente hay nuevos cristales como el larimar, petalita y la fenacita que se han dado a conocer.

Un cristal es un cuerpo solido con una forma geométricamente regular, los cristales se formaron cuando la tierra se creó y han seguido metamorfoseándose a medida que el planeta ha ido cambiando, los cristales son el ADN de la tierra, son almacenes en miniatura que contienen el desarrollo de nuestro planeta a lo largo de millones de años.

Algunos han sido doblegados a extraordinarias presiones y otros crecieron en cámaras hondamente enterradas bajo tierra, otros gotearon hasta llegar a ser. Tengan la forma que tengan, su estructura cristalina puede absorber, conservar, enfocar y emitir energía.

En el corazón del cristal está el átomo, sus electrones y protones. El átomo es dinámico y está compuesto por una serie de partículas que rotan alrededor del centro en movimiento constante, de modo que, aunque el cristal pueda parecer inmóvil, en realidad es una masa molecular viva que vibra a cierta frecuencia y esto es lo que da la energía al cristal.

Las gemas solían ser una prerrogativa real y sacerdotal, los sacerdotes del judaísmo llevaban una placa sobre el pecho llena de piedras preciosas la cual era mucho más que un emblema para designar su función, pues transfería poder a quien la usaba.

Los hombres han usado las piedras desde la edad de piedra ya que tenían una función protectora guardando de diversos males a sus portadores. Los cristales actuales tienen el mismo poder y podemos seleccionar nuestra joyería no solo en función de su atractivo externo, tenerlos cerca de nosotros puede potenciar nuestra energía (cornalina naranja), limpiar el espacio que nos rodea (ámbar) o atraer riqueza (citrina).

Ciertos cristales como el cuarzo ahumado y la turmalina negra tienen la capacidad de absorber la negatividad, emiten una energía pura y limpia.

Usar una turmalina negra alrededor del cuello protege de las emanaciones electromagnéticas incluyendo la de los teléfonos celulares, una citrina no sólo te atraerá riquezas, sino que también te ayudará a conservarlas, sitúala en la parte de la riqueza en tu hogar (la parte posterior izquierda más alejada de la puerta de entrada).

Si estás buscando amor, los cristales pueden ayudarte, sitúa un cuarzo rosado en la esquina de las relaciones en tu casa (la esquina derecha posterior más alejada de la puerta principal) su efecto es tan potente que conviene añadir una amatista para compensar la atracción.

También puedes usar la rodocrosita, el amor se presentará en tu camino.

Los cristales pueden curar y dar equilibrio, algunos cristales contienen minerales conocidos por sus propiedades terapéuticas, la malaquita tiene una alta concentración de cobre, llevar un brazalete de malaquita permite al cuerpo absorber mínimas cantidades de cobre.

El lapislázuli alivia la migraña, pero si el dolor de cabeza es causado por estrés, la amatista, el ámbar o la turquesa situados sobre las cejas lo aliviarán.

Los cuarzos y minerales son joyas de la madre tierra, date la oportunidad, y conéctate con la magia que desprenden.

Cuarzo de la Suerte para Leo 2024

Cornalina

Cuarzo positivo para aquellas personas que tienen problemas para concentrarse, que están enajenados mentalmente o complicados en la vida. Concede coraje y protección. Es indicada para las personas melancólicas.

Es utilizada como talismán en los hogares y negocios como defensa contra el mal de ojo, y las envidias. Está conectada a la energía de la autoridad y la pasión.

Se recomienda para obtener el éxito profesional, tranquilizar las dudas y para dar claridad mental cuando hay que tomar una decisión de índole profesional.

Para quienes les cuesta trabajo hablar en público, la cornalina los ayuda a tener el valor para enfrentar ese obstáculo. Es sugerida para quienes tienen problemas nerviosos, ya que la proyección energética del cuarzo ayuda a lograr el sueño y estar tranquilo, por ende, favorece el descanso físico, y mental.

Leo y la Vocación

Leo tiene un sentido de la integridad excelente. Es fiel, y con muchos valores personales. Procura siempre tomar decisiones de acuerdo con lo que cree correcto, sin perjudicar las necesidades o los intereses de los demás.

Tiene un corazón noble y valora la lealtad, sobre cualquier otra cosa. No soporta la traición, el comportamiento disimulado o la ausencia de valores. Esto los hace muy agradables y su actitud positiva y trabajo duro los empujan a diferentes vocaciones y a sobresalir en lo que hagan.

Mejores Profesiones

Su capacidad para asumir roles de liderazgo los convierte en buenos jefes, y esto los coloca siempre en el foco de atención o en posiciones de poder. Son muy sociables y de buen carácter. Posiciones de autoridad, Actuación, Política, Deportes de alto riesgo y presidentes.

Compatibilidad de Leo y los Signos Zodiacales

Simbolizado por el león, este signo no te dejará olvidarte de él. Aunque su carácter es alegre, también tiene una aspereza feroz que acompaña con su aullido. Todo lo que hace Leo es trágico y cuando se enoja, es mejor alejarse de su camino. Es un signo fijo, muy firme en sus ideas, constante en sus propósitos y obstinado su forma de actuar.

Leo es un cómplice diligente que pone su corazón en cada relación. Por supuesto, también puede ser increíblemente intransigente, pero la terquedad es siempre un destello de su honestidad.
Leo es inspirado por el drama, pero también es profundamente sensible, Leo es sin duda el más emocional de todos los signos de fuego, y se siente herido fácilmente por lo que su pareja deberá saber cómo nutrir a este tierno espécimen.

La lealtad es muy importante para Leo, así que cuando entres en su dominio, te pedirá amor absoluto. Cuando este signo se sienta lastimado, es mejor no darle consejos, Leo busca alivio, no recordatorios, y por ello se sentirá traicionado por su pareja si empiezas a dar tu opinión sobre cualquier situación.

Leo te llevará al borde porque le encanta que lo desafíen, desde niño sabe que es de la realeza zodiacal e incluso el león más prudente tendrá un postura regia.

Este signo nunca se cansa de recibir aplausos. Cenas opulentas, fiestas exclusivas y ropa de diseñadores lo hacen sentirse querido. Cuando lo busques, ten en cuenta que no es fácil seguirle la rima. En ocasiones puede ser difícil salir con un signo tan riguroso. Pero al final merece la pena.

Una vez que reserves tu lugar en el corazón de Leo, definitivamente no querrás renunciar al trono. A Leo no le importa que su pareja tenga ego, al contrario, el león quiere que su pareja sea vanidosa y muy segura de sí misma. Leo no busca unególatra, pero esta criatura intrépida debe cerciorarse de que su pareja sabe llevar la corona con dignidad.

Leo valora el concepto de una pareja como una extensión de sí mismo. Como este signo de fuego es conocido por su valentía en todo, desde sus empresas creativas, hasta sus romances al estilo de Hollywood, es importante que coincida con alguien que sepa textualmente lo que busca.

Cuando se trata de sexualidad, el ardiente Leo también puede brillar en la cama. La mayor excitación sexual del león es sentirse apetecido. Le hechiza la seducción, y el afecto debe exponerse a través de citas ostentosas y expresiones románticas grandiosas. Este signo aúlla ante la idea de ser codiciado, fundamentalmente cuando ese ardiente deseo se traduce en un amor apasionado.

Este ardiente león siempre se está enamorando, le gusta que sus romances sean tan grandes como su personalidad, y nada le hace aullar más fuerte como la adoración desvergonzada. Necesita ser el centro de atención y, por eso, puede que le seduzcan los romances peligrosos.

A Leo no le resulta fácil oponerse los elogios, por eso gravita hacia las felicitaciones. Si el drama se termina antes de tiempo y Leo es abandonado, es otro cuento. Al principio, su reacción suele ser de conmoción y después de esta fase, experimenta una ansiedad devastadora enseñando su sufrimiento.

Aunque las cosas se pongan graves, el león es una criatura invulnerable que hallará el camino de vuelta a la luz porque Leo es alegre e intrépido, negándose a aceptar el fracaso. Leo siempre busca una pareja que estimule su espíritu porque al final el odia el aburrimiento.

***Leo y Aries**, es una relación de puro fuego donde no es fácil contener las llamaradas. Estos signos se nutren mutuamente, creando una asociación entusiasta basada en el deseo, y la osadía. Aries, comprende con gusto el carisma dominador de Leo. Aries, que también necesita mucho afecto, se siente confortado por la nobleza y calidez de su camarada el león. Aunque ambos signos son seguros de sí mismos, su generosidad se manifiesta de forma muy desigual.*

Leo siempre lleva el corazón en la mano, mientras que la principal preocupación de Aries es salir triunfador. A pesar de que estos signos pueden dar lo mejor de sí mismos en una relación, también requieren mantener sus egos bajo control. De lo contrario, la relación entre Leo y Aries puede acabar por extinguirse.

Leo y Tauro, *son individuos leales y hacendosos, pero su pedantería y obstinación a veces puede conducir a oposiciones importantes. A Tauro no le gusta la magnificencia de Leo, y el león se encuentra refunfuñando ante la obstinación del toro.*

En pareja, Leo y Tauro deben revisar de que sus motivos no sean desmedidamente materialistas, sino que adopten una actitud más indiferente que endose una relación de pareja equitativa. Al fin y al cabo, Leo y Tauro tienen mucho en común, a ambos les gustan las cosas buenas de la vida. Así que, si ellos dos se concentran en sus similitudes, más que en sus diferencias, disfrutarán de una relación entretenida.

Leo y Géminis *es una relación que al comienzo es sexy y atrevida. Leo necesita sentirse como un rey, y de alguna manera, Géminis siempre tiene conexiones para los lugares más importes de la ciudad. Sin embargo, al final del día, Leo quiere abrigarse con un leal compañero. Por desgracia, puede que Géminis no pueda ejercer ese papel ya que desea continuar de* *parranda. En esta relación ambos deben aprender a ajustarse a las necesidades del otro. Leo debe confiar en la cordialidad perpetua de Géminis, y Géminis debe reverenciar la fidelidad emocional de Leo. Cuando estos dos signos se ponen de acuerdo, esta pareja es eficiente, retozona y muy divertida.*

***Leo y Cáncer,** no es una relación cómoda. Leo se siente agobiado por el mal humor de Cáncer, y a Cáncer le molesta el dramatismo excesivo de Leo. Si estos dos están decididos a que su relación funcione, tendrán que unirse en torno a sus valores compartidos como la lealtad, familia, y honestidad. Leo y Cáncer también tienen la probabilidad de elevarse el uno al otro, ayudándose mutuamente a alcanzar su máximo potencial a través de la amistad. Para que no haya conflictos, esta pareja debe llegar a un acuerdo, y respetar los términos.*

***Leo y Leo,** es la pareja más majestuosa del zodíaco. A Leo le encanta celebrar su luminosidad, así que cuando dos leones se unen, en realidad la mayor parte de su relación se la pasan hablando de su amor. Esta combinación es un precipitado que está destinado a estar lleno de sonrisas, nobleza y mucha idolatría. Pero ningún reinado es perfecto, y como Leo tiene un ego bastante exagerado, espera oposición. Ya sea que estén luchando por el centro de atención, el teléfono o los halagos, su necesidad mutua de alabanzas puede* *presionar la relación. Sin embargo, el león puede calmarse, así que para que esta relación funcione cada uno debe acariciar a menudo la cabellera del otro y reservar tiempo para la pasión.*

***Leo y Virgo**, Aunque en principio se trata de una pareja poco probable, el ardiente Leo y el idealista Virgo pueden sacar cualidades positivas el uno del otro. Cada signo debe ser consciente de que este relación requerirá mucha comprensión, tolerancia y, quizás lo más importante, integridad y lealtad. Al principio, Virgo admira la excentricidad de Leo y su sutileza social. Leo se satisface en esta idolatría, hasta que el brillo empieza a disiparse. Virgo tiene el hábito de idealizar, pero como nada es absolutamente perfecto, este signo de tierra puede desilusionarse rápidamente. Para que esta pareja funcione, es importante que cada signo se asegure de que la relación se establece por la razón correcta, asegurándose de que el relación no está promovida por el ego.*

***Leo y Libra** es una relación eficiente, cuando están juntos, el generoso Leo y el exquisito Libra aportan sus mejores atributos a la relación. Juntos, son enormemente sociables e incomparablemente divertidos, atributos que se estabilizan gracias al don de Libra. Sin embargo, como a Libra le gusta mantener la paz, tiende a ser bastante vacilante. Leo* exige una lealtad valerosa, por lo que la preocupación de Libra puede ser frustrante. Libra puede sentirse un poco asfixiado por la posesividad de Leo. Sin embargo, si consiguen conciliar sus diferencias, Leo y Libra se sentirán muy bien.

Leo y Escorpión, aunque la energía del fuego a veces puede sentirse limitada por el agua, esta relación es una combinación poderosa. Ambos son signos fijos, tienen creencias firmes y puntos de vista firmes. Como resultado, existe una tirantez evidente entre estos dos signos, que puede llevar a algunos argumentos y, quizás lo más importante a un sexo de primera clase. Leo se siente especialmente seducido por la naturaleza misteriosa de Escorpión, mientras que Escorpión se siente estimulado por Leo. Sin embargo, estos dos tienen que darse tiempo para establecer la intimidad. Dado que Leo y Escorpión tienen formas tan diferentes de deslizarse por el mundo, cada uno necesita aprender a percibir el matiz del otro. Una vez establecida la confianza, ni Leo, ni Escorpión querrán separarse.

Leo y Sagitario, es una relación eficaz. Leo tiene una llama ardiente, pero contenida, solo necesita audiencia. Sagitario, en cambio, no conoce los límites. En consecuencia, Leo suele apoyarse hacia este signo que lo admira. Sagitario también aprecia el brillo de Leo, aunque en esta relación siempre hace ahínco en su libertad. Una pareja Leo-Sagitario puede pasar horas conversando, riendo y hechizándose recíprocamente con historias dinámicas y pláticas ingeniosas.

Leo y Capricornio, *son criaturas diferentes, la seriedad de Capricornio se concentra en los beneficios a largo plazo, mientras que Leo se mueve por la fama y la fortuna. Sin embargo, mágicamente, Leo y Capricornio forman una excelente pareja romántica. Ambos signos son muy insaciables, por lo que, aunque sus técnicas son diferentes, se veneran mutuamente, y las discusiones que surjan serán circunstanciales.*
Cuando trabajan juntos, Leo y Capricornio pueden alcanzar la grandeza. Capricornio enseña a Leo la capacidad de abstracción, y Leo enseña a Capricornio el arte de pasarlo bien. Si invierten completamente en su relación, conseguirán grandes beneficios.

Leo y Acuario, *son signos opuestos, es una pareja interesante. Mientras que Leo simboliza al gobernador, Acuario representa la humanidad. Cuando se acoplan, pueden crear un sistema de frenos y contrapesos para el otro, impulsado por la justicia y el pensamiento progresista. Esta relación existe en un reino hermoso y abundante, sin embargo, ocasionalmente Acuario ve a Leo como un egoísta.*

En esta relación, ambos deben esforzarse por comprender la perspectiva del otro. Para hacerlo con éxito, Leo debe restringir su ego y Acuario debe elevar su compasión. Este relación tiene un potencial increíble, por lo que el compromiso sano seguramente será premiado.

Leo y Piscis, *es una relación excelente. Leo se siente más feliz cuando puede emitir libremente su luz tropical y radiante. Piscis está interconectado con el mar, y al igual que el océano refleja la luz del Sol en la distancia, Piscis se complace en acoger, e incluso potenciar, la vibrante luminosidad de Leo. Aunque esta relación puede ser eficaz y seductora, es importante que el majestuoso león no se deje engullir por la extrema sensibilidad de Piscis.*

Para asegurar una relación feliz, los dos deben entregarse por abrazar las cualidades más fuertes del otro, aplaudiendo sus diferencias con una apreciación amable y un respeto genuino.

Signos con los que no debe hacer Negocios

Tauro, Géminis y Escorpión, las conexiones entre estos signos son débiles a las diferencias.

Signos con los que debe Asociarse

Capricornio, Libra, y Piscis. Son signos que tienen sentido práctico y saben cómo invertir el dinero. Son responsables y serios. Saben cómo invertir en los negocios.

Rituales para el Dinero

Hechizo para Conseguir Trabajo.

Necesitas:

- 1 vela blanca

- 1 vela combinada amarilla y negra

- 1 bolsita de tela roja

- 1 cinta amarilla

- 2 hojas de papel amarillo

- Jalea de abejas

- Ruda

- Carbón

- 1 cuarzo citrina

- 1 perfume o lavanda

- Aguja nueva de coser

- Plato grande de cristal nuevo

Escribes en la vela blanca tu nombre completo, para escribirlo utilizas la aguja nueva, la que después enterrarás en el patio de tu casa. Enciendes la vela blanca.

Luego en una de las hojas de papel amarillo escribes el pedido para conseguir el nuevo trabajo, incluyes detalles específicos como el dinero que deseas ganar y el puesto que deseas; úntale la jalea de abejas, dóblalo en cuatro partes y colócalo sobre el plato nuevo.

Mentalizas tu pedido y repítelo durante todo el ritual. Junto al plato colocas la bolsita con la ruda que utilizarás para el sahumerio, unas gotas del perfume y el cuarzo citrina.

A continuación, prendes el carbón y agregas la ruda sobre él. Comenzarás el sahumerio desde el punto más alejado de la puerta de entrada, es decir de atrás hacia delante; luego dejas que se apagué solo, cerca del ritual.

En el otro papel amarillo escribes el nombre completo de la persona. Con este papel envuelves la vela bicolor, enciéndela y colócala cerca del plato, de la bolsita usada como talismán y del frasco de perfume (siempre abierto), luego repite tres veces: *"Aquí y ahora todos mis deseos se cumplen para mi progreso personal y el de mi familia".* Colocas la citrina dentro de la bolsita y ciérrala con la cinta amarilla. Cuando se consuma la vela, la bolsita te sirve de amuleto.

Hechizo para Conseguir un Mejor Puesto de Trabajo.

Necesitas:

- 1 vela combinada amarilla y roja.

- 1 vela roja

- 1 vela negra

- 7 velas amarillas

- 1 papel cartucho

- Miel

- Carbón;

- Incienso eucalipto

- 3 hojas de ruda

- 3 hojas de menta

- 1 frasco de perfume

- 1 bandeja de metal nueva

- 1 aguja de coser nueva

Escribes en la vela bicolor con la aguja tu nombre completo. En la vela negra, el nombre de la empresa.

En la verde el puesto de trabajo que aspiras y en la vela roja, nuevamente tu nombre completo.

En el papel cartucho debes especificar el puesto de trabajo que deseas obtener o negocio en el que trabajas.

Este papel tienes que untarle la miel, doblarlo en cuatro partes y colocarlo en la bandeja.

En las siete velas amarillas escribes con la aguja el puesto de trabajo que deseas.

Cuando ya tengas todo preparado, enciendes el carbón y colocas sobre él las hojas de ruda y menta, con unas gotas del perfume elegido.

Déjalo prendido mientras enciendes la vela bicolor y colócalo cerca de esta vela con el papel (el que untaste con miel.)

Enciendes con la misma llama todas las velas siguientes: la vela negra, que la pondrás a la izquierda de la bandeja, la vela verde a la derecha y la roja en el centro.

Los restos puedes botarlo en la basura.

Hechizo para tener Éxito en las Entrevistas de Trabajo.

Colocas en una bolsita verde tres hojas de salvia, albahaca, perejil y ruda. Agregas un cuarzo ojo de tigre y una malaquita. Cierras la bolsita con una cinta dorada. Para activarla los pones en tu mano izquierda a la altura del corazón y luego unos centímetros arriba pones la mano derecha, cierras tus ojos y te imaginas una energía blanca salir de tu mano derecha hacia tu mano izquierda cubriendo la bolsita. La mantienes en tu cartera o bolsillo.

Limpieza para Conseguir Clientes.

Machacas en un mortero diez avellanas sin cáscara y un ramito de perejil. Hierves dos litros de agua de Luna Llena y agrégale los ingredientes que machacaste. Déjalos hervir por 10 minutos y luego cuélalo. Con esta infusión limpiarás el piso de tu negocio, desde la puerta de entrada hasta el fondo de este. Debes repetir esta limpieza todos los lunes y jueves por espacio de un mes, de ser posible a la hora del planeta Mercurio.

Hechizo para Crear un Escudo Económico para tu Negocio.

Necesitas:

- 5 pétalos de flores amarillas

- Semillas de girasol

- Cáscara de un limón secada al sol

- Harina de trigo

- 3 monedas de uso corriente

Trituras en un mortero las flores amarillas y las semillas de girasol, después le agregas la cáscara de limón y la harina de trigo.

Mezclas bien los ingredientes y los guardas junto con las tres monedas en un frasco herméticamente cerrado.

Este preparado lo debes usar todas las mañanas antes de salir de tu casa. Debes introducir en el frasco las yemas de los cinco dedos de la mano izquierda primero y de la derecha después, luego te lo frotas en las palmas de las manos.

Ritual para Evitar perder el Trabajo.

Necesitas:

- 1 clavo grande oxidado

- 1 taza pequeña de dulce de guayaba

- 1 bolsa pequeña de plástico

- 1 bolsita tela amarilla

- 1 vela naranja

- 1 vela violeta

- 3 hojas de laurel

- 1 aguja e hilo

Colocas en el borde de una ventana la vela naranja y violeta, entre ambas sitúas la taza de dulce de guayaba. Enciendes las velas. Introduces el clavo dentro del dulce de forma que no se vea. Mientras lo haces repite en tu mente: "Soy una persona que merece este trabajo, guías espirituales protejan mi trabajo, mi dinero y mis energías". Al siguiente día extraes el clavo y sin limpiarlo lo introduces dentro de la bolsita de plástico y después dentro de la bolsita amarilla junto con las tres hojas de laurel. Debes colocar esta bolsita en el lugar que trabajas.

Ritual para Causar una Excelente Impresión el Primer Día de Trabajo.

Necesitas:

- 2 clavos de 5 cm (nuevos)

- 1 pedazo de cinta morada

- 1 pedazo de cinta blanca

- 1 vela morada

- 1 vela blanca

Es más efectivo si lo realizas un miércoles a la hora del planeta Mercurio.

Debes escribir con uno de los clavos el nombre del negocio donde irás a trabajar en la vela morada, luego dejarlo a su lado. Después escribes tu nombre en la vela blanca con el otro clavo. Coges el clavo con el cual escribiste en la vela morada y entiérraselo a la vela por la mitad, mientras haces esto repite en tu mente "Como mismo este clavo alcanza el corazón de la vela, mi aura envolverá a mis jefes y colegas de trabajo" (calienta el clavo primero para que se te facilite esta operación). Inmediatamente clavas el otro clavo en la vela blanca y repites en tu mente "Mi ángel de la guarda me protege y me guía hacia el éxito". Enciendes las velas y cuando se hayan gastado, recoges los dos clavos y amárralos con las cintas.

Debes mantenerlos en tu oficina.

Receta Mágica para Aumentar la Fortuna

Necesitas:

- 1 rosa de Jericó

- Agua florida

- Lavanda verde

- Cuarzo citrina

- Cuarzo ojo de tigre

- Agua de Luna Llena

Colocas en un envase de cristal las esencias con el agua de Luna Llena.

Luego colocas los cuarzos y la rosa de Jericó. Debes poner este envase como adorno en tu negocio u oficina.

Hechizo para la Abundancia en tu Trabajo.

Necesitas:

- 7 recipientes de barro

- Miel virgen de abeja

- Hojas de menta

Mezclas la miel y las hojas de menta, repartes este contenido en los recipientes de barro y los distribuyes en tu casa u oficina de trabajo.

Debes realizar este hechizo el primer día del mes a la hora del planeta Júpiter.

Para fortalecer este ritual cuando estés distribuyendo los recipientes repite en alta voz: "Yo endulzo mi vida, mi hogar y oficina e invoco los cuatro elementos para que me atraigan éxito y dinero, aquí y ahora en armonía perfecta y para bien de todos".

Mejores Países y Ciudades para Vivir

Países: *Francia, Italia, República de Macedonia, Estados unidos y Rumania.*

Ciudades: *Bohemia, Sicilia, Roma, Rávena, Bath, Bristol, Taunton, Praga, Damasco, Basora, Apulia, Filadelfia, Los Ángeles, Chicago, y Bombay.*

Inciensos y Aceites Esenciales para el Dinero

Incienso y aceite Esencial de Limón: posee propiedades místicas, alivia el estrés, y atrae la alegría.

Plantas para el Dinero

Menta*: la menta siempre ha sido conocida por sus propiedades medicinales, pero el simple hecho de tenerla en casa ayuda a eliminar las malas vibraciones y atraer la prosperidad económica.*

Cuarzos para el Dinero

Turquesa: *Es un cuarzo que atrae la suerte y el dinero. Las energías de protección y abundancia que emana protegen la estabilidad económica. como personal.*

Amuletos para el Dinero

Los Pentáculos de Júpiter que te garantizarán la Prosperidad.

Los pentáculos son figuras mágicas, capaces de transmitir a su entorno energías positivas. La acción de los pentáculos de Júpiter se deriva de la combinación de letras, signos y fórmulas benéficas, simbolizan gráfica y místicamente un deseo. Actúan claramente sobre la psique de las personas que tienen contacto visual con él.

La compilación más grande de pentáculos se halla en Las clavículas del rey Salomón, volumen de alta magia adjudicada a este rey bíblico. En ella se encuentran 36 pentáculos que tienen varias finalidades y entre ellas están los siete pentáculos de Júpiter.

Pentáculos Para Prosperar.

El objetivo de estos pentáculos es proporcionar abundancia, resolver los conflictos relacionados con el trabajo y servir de ayuda a la hora de percibir más directamente todo tipo de beneficios que conceden una mayor prosperidad.

Júpiter, el llamado Gran Benéfico en astrología, es un planeta que está relacionado con la expansión, el optimismo, los vínculos con personas poderosas y la capacidad de hacer fortuna. Deberás dibujarlos con mucha concentración y con la intención de que manifiesten tu voluntad. El material más adecuado es un trozo de pergamino. Una vez terminados, deberán ser colgados en algún lugar que sea visible como la caja registradora o en tu billetera. (puedes imprimirlos).

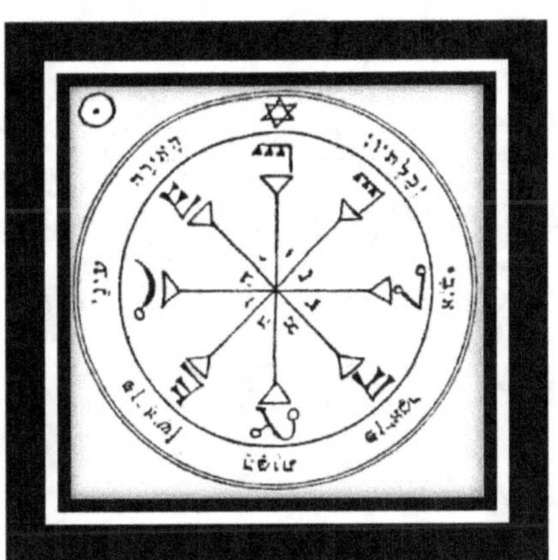

Afirmaciones para Recibir Dinero

Estos decretos los debes realizar por 21 días para que puedas ver los resultados, de ser posible tres veces al día. Si los repites en alta voz, serán más poderosos.

Yo soy el amor infinito, fuente de riqueza, abundancia, prosperidad

Yo soy abundancia perfecta y riqueza divina.

Yo soy la prosperidad en mis negocios y mis finanzas.

Yo soy la sabiduría divina que moldea inteligentemente toda existencia. Camino con seguridad por la abundancia. Me veo a mí mismo en prosperidad.

Las Vacaciones

Las vacaciones brindan beneficios a nivel físico y mental. Está demostrado que vacacionar disminuye los niveles de estrés, y beneficia el sistema inmunológico. En ocasiones planificar las vacaciones causa stress porque existen infinitas opciones y decidir se convierte en una tarea quimérica.

Utilizando la astrología, y entendiendo tu personalidad brinda una visión del lugar de vacaciones ideal para ti.

Aries, *un resort con todo incluido y actividades deportivas al aire libre en una localidad cálida como Punta Cana, Cancún y las Islas Turcas y Caicos sería ideal. Australia, es un país emocionante que te brinda un caudal de emociones para que tu corazón se precipite.*

Tauro, *una estadía en un lujoso resort en Cayman Island, o unas lujosas vacaciones en Dubái, en un hotel que tenga todas las comodidades será muy atractivo. Italia es un país perfecto porque ahí encontrará todo lo que siempre ha soñado: amor, encanto, lujo, comidas maravillosas y vinos de primera clase.*

Géminis, *ama sentirse intelectualmente comprometido. Los viajes con excursiones guiadas como un safari en África o investigar las especies de las Islas Galápagos le ofrecen al comunicador del zodiaco una experiencia lujosa.*

Cáncer, *los viajes cortos, rodeados de familiares y amigos. Disney World, disfrutando de las atracciones y sus diversas comidas es una opción. En Orlando, Florida, existen múltiples hoteles y resorts fantásticos, cada uno con un tema exclusivo y fascinante.*

Leo, *hospedarse en un bungalow sobre el mar en Tahití es fantástico para este signo. Otra alternativa de lujo, algo que ama el león, seria rentar una isla tropical privada en las Maldivas, Fiji o en las Islas Vírgenes.*

Virgo, *Italia es tu mejor opción. En este país te mantendrán bien ocupado. Como signo de tierra te conectas con el mundo que te rodea, lugares como La Romana en República Dominicana, Puerto Viejo en Costa Rica, y Belo Horizonte en Brasil te inyectaran vida.*

Libra, *apuesta por ciudades que tengan museos. Las vacaciones tropicales no serán tan satisfactorias para Libra como recorrer el Louvre en Paris, el Museo de la Acrópolis, en Atenas, Grecia, el Museo del Prado, en Madrid, España o la Galería de los Uffizi, en Florencia, Italia.*

Escorpion, *pasar unos días en una playa apartada con licores y masajes. En Grecia, Bali, St. Martin o Hawáii encontrarás todos estos lujos. Visitar sitios patrimoniales cerca de tu hotel de lujo sería una extraordinaria combinación de vacaciones tropicales y culturales. Mikonos y Roda en Grecia son destinos perfectos.*

Sagitario, *explorar el camino de Santiago, una red de caminos muy diferentes, todos ellos conduciendo a la ciudad de Santiago de Compostela. Cada senda tiene su historia, patrimonio y magia. Sagitario es un viajero que anhela nuevas experiencias por eso en Irlanda encontrará todo lo que está buscando.*

Capricornio, *un signo orientado a objetivos. Vacaciones donde puedan hacer nuevas relaciones de negocios. China sería espectacular. Capricornio tiene un sentido del valor histórico que otros signos no tienen por esa razón países como Israel, y Egipto donde la historia está lo harán sentir en casa.*

Acuario*, adora las nuevas ideas, los lugares desconocidos, y las nuevas relaciones. Un país fantástico para visitar sería Japón no solo por su historia y cultura fascinante, sino porque cada una de sus regiones tiene algo diferente que brindar.*

Piscis*, un signo de agua que es feliz con vacaciones tropicales. Un hotel frente al mar sería ideal. La Isla "La Dique" en la República de Seychelles, quizás la playa más bella del mundo será un éxito seguro. Piscis, posee una visión sosegada de la vida, el estar regido por Neptuno lo convierte en un pensador creativo. Suecia es un país que debe visitar porque allí encontrará una cultura tan innovadora como él.*

¿Quién es tu alma gemela de acuerdo con tu signo zodiacal?

Cuando escuchamos el término "almas gemelas", por lo general, pensamos que se están refiriendo a miembros de una pareja, es decir, alguien con quien se tiene una fuerte conexión sentimental-sexual. Sin embargo, las almas gemelas legítimas no siempre se relacionan desde ese punto de vista, y muchas veces ni siquiera están interesadas en el aspecto sexual de una relación.

Tu alma gemela no solo puede ser tu pareja, sino también tu padre, amigo, hijo, abuelo, jefe, o hermana.

Desde el punto de vista astrológico, y teniendo en cuenta que las lecciones que necesitamos aprender antes de alcanzar el siguiente nivel espiritual son las que definen el tipo de relaciones afectivas que requerimos desarrollar en la vida actual, podemos decir que Cáncer y Piscis son almas gemelas de Aries.

Con Cáncer y Piscis, los Aries no solo pueden enfocarse mejor y resolver los conflictos sin violencia, sino también desarrollar la empatía, es decir, la capacidad de ponerse en el lugar del otro y aprender a compartir.

A estos dos signos no les gustan los conflictos, y de llegar a tenerlos prefieren el diálogo antes que cualquier episodio de brutalidad.

Aries puede enseñar a Cáncer y Piscis a no necesitar la aprobación de los demás, a ser más arriesgados, y a no intentar complacer a todo el mundo, es decir a ser más asertivos.

El sensual Tauro, enemigo de los cambios, familiar consanguíneo de la inercia, tiene como alma gemela a Sagitario y Géminis, dos signos que saben que la vida es un viaje fascinante, pero no estático.

Ellos le pueden enseñar a Tauro que no tiene que permanecer donde ya no tiene que estar por temor a la incertidumbre, y que siempre habrá ciertas situaciones o circunstancias que sucederán sin que las esperemos, y sin que poseamos ningún poder para modificarlas. Tauro también tiene mucho que enseñar a estos signos.

Lecciones de fuerza de voluntad, a tener compromisos con los demás, a que se comprometan con lo que hacen y continúen hasta el final con persistencia, sin premura, ni lentitud. A tener principios, y a ser prudentes.

Leo puede balancear mucho karma con sus almas gemelas que pertenecen a Libra y Acuario.

Un Leo puede obstinarse con una idea o creencia errada por vanidad; Libra y Acuario saben que detrás de una persona egocéntrica existe una autoestima baja.

Libra le enseñará a Leo ecuanimidad y tolerancia, a usar el razonamiento y la diplomacia para mantener una comunicación fluida. Acuario, el signo opuesto a Leo, equipado de un juicio objetivo y justo ya que nunca se dejan llevar por los prejuicios, le enseñará a Leo a ver los corazones de las personas, a ofrecer su hombro y regalar palabras comprensivas en momentos de necesidad.

Leo nunca duda en el momento de tomar decisiones, y si lo hacen, no lo manifiestan, algo que debe practicar Libra.

La fidelidad es un sello en Leo, algo que desconoce Acuario, y los leoncitos le pueden dar lecciones de moralidad.

Virgo, conocidos como perfeccionistas, por el miedo inmenso que le tienen al fracaso, tiene como almas gemelas a Escorpión y Capricornio. A Virgo le gusta ser riguroso en sus decisiones y tiene un prototipo en casi todos los aspectos de su vida. Esta selectividad los frena a seguir el movimiento de la vida.

Literalmente Virgo destrozará un proyecto entero si siente que no fue perfecto en primer lugar, algo que nunca haría un Capricornio ya que su visión le permitirá ver que siempre se pueden tomar medidas alternativas, sin tener que volver a empezar.

Capricornio es un signo seguro de su propio espacio, no toman decisiones sin sentido, algo que algunas veces Virgo hace.

Por su parte Escorpión es capaz de mitigar lo peor y potenciar lo mejor de Virgo. Escorpión y Virgo tienen un enfoque práctico ante la vida, no obstante, los Escorpión son mucho más vividores que Virgo. Escorpión le aportará la decisión que le falta a Virgo, y Virgo aportará control y racionalidad al apasionado Escorpión.

Virgo logrará que Capricornio sea más agradable y juguetón a su lado, aislándolo de esa excesiva seriedad que a menudo muestra en su rostro.

La locura

La locura, se ha revelado a lo largo de la historia como una verdad oscura, enigmática, y conflictiva. Nos ha atemorizado, la hemos ignorado e incluso aceptado, y como resultado, a las personas que supuestamente la han padecido las hemos rechazado, eliminado y también honrado.

Cualquier conducta que sea incongruente con nuestro razonamiento no es necesariamente un acto de locura, sino una forma de proceder diferente.

Es un error si al sentirnos afectados o fastidiados por las acciones o locuras del prójimo desterrarlos, ya que eso no nos hace más razonables, equilibrados o perfectos, sino que nos hace igual de locos.

Definir locura es tan complejo como definir cordura, pero todos los signos zodiacales tienen su grado de locura.

Cáncer: *Es temperamental. Esto provoca que tengan una personalidad incomprensible vista desde afuera. La popularidad de locos se la ganaron por su carácter inconsistente que a veces perturba a las personas de su entorno.*

Escorpión: *Necesita del cambio para ser feliz, son capaces hacer locuras sólo para generar un poco de acción. Para ellos tener un arrebato es normal porque son adictos a los cambios y los frenesíes.*

Piscis: *Es imposible que no te contagie con sus locuras. Su inestabilidad y desequilibrio molesta a las personas que los rodean. Todo lo ven color de rosa, lo cual hace que los llamen locos porque siempre andan flotando en una nube.*

Géminis: *Es famoso por su dualidad. En ocasiones tiene conflictos consigo mismo. Aman los retos que implican peligros. Les encanta planificar aventuras improvisadas y siempre están dispuestos a bordear los límites de la locura máxima.*

Leo: *Cuando el fuego se instala en su cabeza piensan que todo lo que rodea su vida es más urgente que cualquier otra cosa. Son extravagantes y tienen actitudes que para otros son consideradas locuras. Es capaz de hacer cosas que una persona razonable nunca haría.*

Aries: *Se trastorna a sí mismo y a cualquiera que esté a su lado. Son testarudos y les gusta ser los primeros* en todo, aunque para eso tengan que cometer locuras. No sabe cómo retractarse, algo que los conduce a realizar actos irracionales.

Acuario: Un signo rebelde y libre, que no le importa en lo más mínimo la opinión que tengan de ellos. Actúa de forma caprichosa, con actitudes locas que rompen los paradigmas.

Sagitario: Es divertido, pero violento con sus deseos de acción. No sabe medir las consecuencias de sus actos, algo que muchos consideran una locura. No es extraño verlos totalmente desbocados, transitando el terreno de la irresponsabilidad.

Libra: Añora la felicidad, y la armonía, y para conseguirlo está dispuesto a hacer cualquier locura. Son inestables, y eso los lleva a romper sus compromisos, algo que muchos consideran una locura.

Virgo: Llega a los extremos y se vuelve obsesivo. Tiene una visión de lo que desea escrita en piedra, nadie puede darles un consejo, no se dejan guiar. Al no escuchar cometen varias locuras.

Tauro: *Cuando una idea aterriza en su mente no hay quien la destierre, llegando a cometer locuras para corroborar su hipótesis. Trata de poner a prueba su paciencia y descubrirás hasta dónde llega su nivel de locura.*

Capricornio: *No olvida absolutamente nada, no perdona y mucho menos, olvida, si le haces algo malo, no te preocupes porque va a recordártelo durante toda la vida hasta volverte completamente loco. Capricornio es locamente obsesivo con el control.*

La psicología detrás de la lotería.

Los juegos de lotería son muy populares en todo el mundo.

El sueño imposible de ganarse la lotería todos lo tenemos, ya que la ilusión de ser millonarios, por un golpe de suerte, aunque las probabilidades sean mínimas, es la razón principal por la que las personas jugamos.

Los jugadores perciben que el costo del ticket de lotería, con relación a las ganancias que obtendrían, si ganan, es minúsculo. El riesgo siempre lo percibimos de forma emocional, y si el mismo nos causa placer, tenemos la tendencia a ver dicho riesgo como insignificante y neutralizar la emoción de peligro, enfocándonos solo en los beneficios.

Los jugadores ven la lotería como una oportunidad única de ser premiados invirtiendo poco dinero, y con poca exposición al riesgo.

Los juegos tienen aspectos tradicionales y supersticiosos. Algunas personas siempre juegan los mismos números porque son sus favoritos, los relacionan a una fecha significativa, o los han soñado.

Otros juegan a una hora, día o en un lugar específico. Cuando pensamos que tenemos el control, nos sentimos confiados, ya que al elegir nosotros los números, en vez de jugar al azar, aunque las posibilidades de acertar son las mismas, tenemos la impresión de que estamos controlando el destino, y que las oportunidades están a nuestro favor.

Hay personas que solo juegan por divertirse, en estos casos la lotería trasciende el costo económico, transformándose en una diversión que es avivada cuando conjeturan todo lo que pueden hacer con el dinero que adquirirían.

Existen cinco descripciones psicológicas de los individuos jugadores de lotería:

El aventurero, *que se siente hechizado por los juegos que involucran grandes sumas de dinero, especulando con números al azar, y también con números planificados.*

El competidor, *que insiste en ostentar a través del juego que él apuesta para ganar.*

El avaricioso, *que no tiene fronteras para jugar, y no teme arriesgarse cuando apuesta.*

El táctico, *nunca juega de forma arriesgada, busca tácticas, estrategias, y conjuntos numéricos a la hora de jugar los números.*

El supersticioso, *que siempre juega las mismas combinaciones de números, utiliza talismanes, rituales, o comprará sus tickets en una fecha y lugar específico.*

¿Existe un truco o una fórmula para ganar la lotería?

Esa pregunta todavía no tiene respuesta. Hay muchos que especulan, y afirman, que hay más probabilidades de que te caiga un rayo, antes de que te ganes la lotería. Aunque otros estudian las posibilidades con gran perseverancia y sutileza.

Jugar la lotería, o cualquier otro juego de azar si se hace con medida, es una forma barata de comprar ilusiones y confianza en el futuro. La complicación surge cuando la persona no controla sus impulsos de jugar, generando una adicción al juego cayendo en la ludopatía.

Un ludópata es un individuo a quien los juegos de azar le ocasionan grandes dificultades en el trabajo, y en sus relaciones familiares, ya que las pérdidas lo inducen a jugar mayores cantidades de dinero con la aspiración de recobrar el dinero perdido. Esto se convierte en un círculo vicioso, y la única forma de resolverlo es con un tratamiento psicoterapéutico.

Los mejores regalos para los signos zodiacales

La entrega de regalos es una forma universal de demostrar que una persona nos importa y la apreciamos, pero comprarlos puede ser todo un reto, para algunos un auténtico dolor de cabeza.

Los planetas una vez te pueden brindar su ayuda, conociendo el signo zodiacal de la persona quizá puedas hacer el regalo ideal.

A los signos de fuego: Aries, Leo y Sagitario *les gustan los regalos que los hagan sentir importantes, que se relacionen con los deportes, los viajes, y la tecnología.*

Una cámara digital profesional, el modelo más reciente de IPhone, un ticket de avión con hotel incluido a un lugar turístico exótico o con antecedentes históricos, libros de negocios, ropa deportiva o equipos para hacer ejercicios, tickets de lotería, botellas de un buen vino y zapatos de marca exclusiva complacerán a estos signos grandemente.

Tauro, Virgo y Capricornio *que pertenecen al elemento tierra, en ocasiones son tradicionales, pero eso no significa que no les gusten los regalos de marcas reconocidas.*

Un cuadro de un pintor famoso, un cinto o un maletín para llevar sus papeles de trabajo, una billetera con sus iniciales, perfumes de marca, masajes o tratamientos para el cuerpo, un animal doméstico, batas de baño, pijamas acogedores, o incluso difusores de aromaterapia los harán felices.

Los signos de aire: Géminis, Libra y Acuario *no son materialistas, y la funcionalidad de un regalo es mucho más importante que el precio. Su imaginación es abundante, y cualquier cosa que estimule esta capacidad les atrae.*

Un teléfono celular, computadora o IPad, libros sobre crecimiento personal, espiritualidad, filosofía y terapias alternativas, cursos de autoayuda y empoderamiento económico, un telescopio, entradas para la ópera o el teatro, un animal que no tenga que estar enjaulado, cuarzos, aceites esenciales, sahumerios, y colonias para después del baño serán muy apreciados por estos signos.

Cáncer, Escorpión y Piscis*, los signos de agua, adoraran los regalos personalizados. Utensilios de cocina, una cena romántica en la playa bajo la luz de la Luna, un masaje relajante en un spa, lencería atrevida, zapatillas o un sofá cómodo para ver la televisión, una botella de champán, velas perfumadas,* *amuletos, libros de astrología, un juego de cartas del tarot, lociones, perfumes y accesorios de belleza, vino, galletas, conservas y toda variedad de productos gourmets están en la lista de los regalos que estos signos aceptarán con mucho placer.*

Hacer regalos es una bendición, es un gesto de generosidad; regalar es un acto simbólico que representa un halago, una atención hacia alguien a la que se quiere complacer y simboliza el afecto que le profesamos.

Cuando regalamos se mejoran y fortalecen las relaciones, se genera alegría.

Los signos zodiacales y sus miedos.

Los doce signos del zodiaco simbolizan doce arquetipos esenciales de la personalidad humana, pero al mismo tiempo se trata de prototipos psicológicos, por esa razón cada uno de los signos zodiacales tiene un miedo muy específico y personal.

Recordemos que el miedo es un mecanismo esencial de alarma y defensa del ser humano. Sólo se torna en un problema cuando es excesivo.

*Los miedos son inseguridades y algunas veces los proyectamos con las acciones contrarias como es el caso del signo **Aries**; reconocido por su voluntad férrea, nada ni nadie los paraliza. Les encanta controlarlo todo y su miedo más arraigado es fracasar o pedir ayuda, porque para ellos esto es sinónimo de debilidad.*

***Tauro** es el más terco de los signos de tierra. Los cambios los aterran, así como quedarse sin dinero, se pasan la vida ahorrando porque la pobreza los atemoriza.*

***Géminis**, el comunicador del zodiaco, un poco ansiosos e inseguros tratan de llamar la atención porque le tienen pavor a lucir aburridos. Hijos* *legítimos de la Luna, los Cáncer adoran su zona de seguridad porque allí nadie los puede lastimar, les horroriza la soledad y que los rechacen.*

***Leo**, el rey del zodiaco, líderes y valientes no nacieron para perder. Su miedo más arraigado es pasar inadvertido, prefieren que hablen mal de él, pero que no los ignoren.*

*El máster de la pulcritud **Virgo**, en ocasiones se vuelve compulsivo con el tema de la salud, por eso son hipocondriacos. Su miedo principal es enfermarse, pero la desorganización los espanta más que cualquier otra cosa.*

*Excepcionalmente inteligentes los **Libra** son indecisos y ahí radica su miedo primordial: tomar decisiones. Otro de sus pavores es la soledad.*

*Los enigmáticos y seductores **Escorpio** tienen una memoria de elefante, temen a la traición y si haces algo que les desagrada te lo guardaran eternamente. Nunca se te ocurra ocultarle un secreto a un Escorpión.*

*El aventurero del zodiaco, **Sagitario** le da pánico el compromiso porque las exigencias le causan terror. Son muy divertidos, pero detrás de esa sonrisa se esconde el temor a ser engañados.*

*Exigentes hasta el extremo los **Capricornio** nunca se apartan de sus metas; su miedo principal es equivocarse, sobre todo a nivel profesional. Son abnegados y temen no obtener sus sueños.*

*Los rebeldes y utópicos **Acuario** temen perder su libertad, esto significaría perder su propia esencia. Siempre tienen muchas amistades, pero ninguna los ata. Ellos necesitan del grupo, pero no quieren que el grupo necesite de ellos.*

*La paz es sinónimo de **Piscis**, odian los careos. Compasivos hasta la medula les da miedo ver sufrir a los demás. Son un poco inseguros, tienen miedo escénico y temen al rechazo.*

Algunos libros antiguos de astrología responsabilizan totalmente a Saturno con el miedo en una carta natal, yo pienso que para que se origine el miedo debe manifestarse la alianza de varios planetas con sus correspondientes energías.

Es decir, los miedos están representados por varios planetas unidos mediante aspectos, no hay un planeta especifico que esté necesariamente relacionado con el desarrollo de algún tipo de miedo.

La Luna en Leo

Si tu Luna está en Leo expresas tus emociones con pasión e intensidad, además amas ser el centro de atención y darles un toque dramático a tus sentimientos.

Idealmente, quieres ser apreciado, pero con la Luna en Leo cualquier atención es mejor que ninguna. Si presientes que te ignoran, te sentirás amenazado, y cuando esto sucede, tus instintos te impulsan a que finjas.

En otras palabras, mientras que seas el centro de atención serás feliz y te sentirás seguro.

En un mundo perfecto todo en enfocaría en tu persona, pero como el mundo no es perfecto, tú no eres el centro de atención.

Con la Luna en Leo tu reto no es descubrir tus necesidades de seguridad, sino asegurarte de que los elementos que están en tu lista de prioridades sean los apropiados.

Debes analizar cada relación, y determinar cuándo es apropiado que tu seas el centro de atención. Debes estar pendiente de tus reacciones.

Perfila tu ser interno para que otros te aprecien por lo que eres.

Las personas con la Luna en Leo son cálidas y generosas con sus familiares, empáticos y leales. Son proclives a tener una naturaleza emocional celosa, aunque no son posesivos. Necesitan una pareja a quien puedan impresionar. Esas energías provocan que sea difícil relacionarse emocionalmente.

Sus sentimientos se lesionan cuando sienten que son ignorados.

Instintivamente sienten emociones fuertes, son dramáticos y creativos. La Luna en Leo se asocia con los niños, por eso disfrutan del juego, y la diversión. Pasar tiempo con niños los ayuda a expandir su creatividad y diversión.

Las personas con la Luna en Leo tienen cualidades de liderazgo que inspiran. Ellos alientan a las personas a comprometerse con los resultados, mientras que al mismo tiempo disfrutan del viaje.

La importancia del Signo Ascendente

El signo solar tiene un impacto importante en quiénes somos, pero el Ascendente es el que nos define realmente, e incluso esa podría ser la razón por qué no te identificas con algunos rasgos de tu signo zodiacal.

Realmente la energía que te brinda tu signo solar hace que te sientas diferente al resto de las personas, por ese motivo, cuando lees tu horóscopo algunas veces te sientes identificado y les da sentido a algunas predicciones, y eso sucede porque te ayuda a entender cómo podrías sentirte y lo que te sucederá, pero solo te muestra un porciento de lo que realmente pudiera ser.

El Ascendente por su parte se diferencia del signo solar porque refleja quiénes somos superficialmente, es decir, cómo te ven los demás o la energía que les transmites a las personas, y esto es tan real que puede darse el caso que conozcas a alguien y si predices su signo es posible que hayas descubierto su signo Ascendente y no su signo solar.

En síntesis, las características que ves en alguien cuando lo conoces por vez primera es el Ascendente, pero como nuestras vidas se ven afectadas por la manera que nos relacionamos con los demás, el Ascendente tiene un impacto importante en nuestra vida cotidiana.

Es un poco complejo explicar cómo se calcula o determina el signo Ascendente, porque no es la posición de un planeta el que lo determina, sino el signo que se elevaba en el horizonte oriental en el momento de tu nacimiento, a diferencia de tu signo solar, depende de la hora precisa en que naciste.

Gracias a la tecnología y al Universo hoy es más fácil que nunca saber esta información, por supuesto si conoces tu hora de nacimiento, o si tienes una idea de la hora pero que no haya un margen de más de horas, porque hay muchos websites que te hacen el cálculo introduciendo los datos, astro.com es uno de ellos, pero por existen infinidades.

De esta manera, cuando leas tu horóscopo también puedes leer tu Ascendente y conocer detalles más personalizados, tú vas a ver que a partir de ahora si haces esto tu forma de leer el horóscopo cambiará y sabrás porque ese Sagitario es tan modesto y pesimista si en realidad ellos son tan exagerados y optimistas, y esto se deba quizás porque tiene un Ascendente Capricornio, o porque ese colega de Escorpión siempre está hablando de todo, no dudes que tenga un Ascendente de Géminis.

Les voy a sintetizar las características de los diferentes Ascendentes, pero esto es también muy general ya que estas características son modificadas por planetas en conjunción con el Ascendente, planetas que aspectan al Ascendente, y la posición del planeta regente del signo en el Ascendente.

Por ejemplo, una persona con un Ascendente de Aries con su planeta regente, Marte, en Sagitario responderá al entorno de forma un poco diferente a otra persona, también con un Ascendente de Aries, pero cuyo Marte está en Escorpión.

Del mismo modo, una persona con un Ascendente de Piscis que tiene Saturno en conjunción con él se "comportará" de manera diferente a alguien con un Ascendente de Piscis que no tiene ese aspecto.

Todos estos factores modifican el Ascendente, la astrología es muy compleja y no se lee ni se hacen horóscopos con cartas del tarot, porque la astrología además de ser un arte es una ciencia.

Puede ser habitual confundir estas dos prácticas y esto es debido a que, aunque se trata de dos conceptos totalmente diferentes, presentan unos puntos en común. Uno de estos puntos en común se basa en su origen, y es que ambos procedimientos son conocidos desde la antigüedad.

También se parecen en los símbolos que utilizan, ya que ambos presentan símbolos ambiguos que es necesario interpretar, por lo que requiere de una lectura especializada y es necesario tener una formación para saber interpretar estos símbolos.

Diferencias, hay miles, pero una de las principales es que mientras que en el tarot los símbolos son perfectamente comprensibles a primera vista, al tratarse de cartas figurativas, aunque haya que saber interpretarlos bien, en la astrología observamos un sistema abstracto el cual es necesario conocer previamente para interpretarlos, y por supuesto hay que decir, que, aunque podamos reconocer las cartas del tarot, cualquiera no puede interpretarlos de modo correcto.

La interpretación es también una diferencia entre las dos disciplinas porque mientras el tarot no tiene una referencia temporal exacta, ya que las cartas se sitúan en el tiempo solo gracias a las preguntas que se realizan en la tirada correspondiente, en la astrología sí que se hace referencia a una posición específica de los planetas en la historia, y los sistemas de interpretación que utilizan ambos son diametralmente opuestos.

La carta astral es la base de la astrología, y el aspecto más importante para realizar la predicción. La carta astral debe estar perfectamente elaborada para que la lectura tenga éxito y se puedan conocer más cosas acerca de la persona.

Para elaborar una carta astral, es necesario conocer todos los datos sobre el nacimiento de la persona en cuestión.

Es preciso que se sepa con exactitud, desde la hora exacta en que se dio a luz, hasta el lugar donde se hizo.

La posición de los planetas en el momento del nacimiento desvelará al astrólogo los puntos que necesita para elaborar la carta astral.

La astrología no se trata solamente de conocer tu futuro, sino de conocer los puntos importantes de tu existencia, tanto del presente como del pasado, para poder tomar mejores decisiones para decidir tu futuro.

La astrología te ayudará a conocerte mejor a ti mismo, de modo que podrás cambiar las cosas que te bloquean o potenciar tu cualidades.

Y si la carta astral es la base de la astrología, la tirada del tarot es fundamental en esta última disciplina. Igual que quien te realiza la carta astral, el vidente que te realice la tirada del tarot, será la clave en el éxito de tu lectura, por eso lo más indicado es que preguntes por tarotistas recomendadas, y aunque seguramente no te podrá responder concretamente a todas las dudas que te plantees en tu vida, una correcta lectura de lu tirada del tarot, y las cartas que salgan en dicha tirada, te ayudarán a guiarte acerca de las decisiones que tomes en tu vida.

En resumen, la Astrología y el tarot utilizan simbología, pero la cuestión primordial es como se interpreta toda esta simbología.

verdaderamente una persona que domine ambas técnicas, sin duda, va a ser una gran ayuda a las personas que le van a pedir consejo.

Muchos astrólogos combinamos ambas disciplinas, y la práctica habitual me ha enseñado que ambas suelen fluir muy bien, aportando un componente enriquecedor en todos los temas de predicción, pero no son lo mismo y no se puede hacer horóscopo con cartas del tarot, ni se puede hacer una lectura del tarot con una carta astral.

Ascendente en Leo

Las personas con el Ascendente en el signo de Leo son las más optimistas del zodiaco, saben cómo aprovechar las oportunidades que se le presentan, y son capaces de alcanzar cualquier meta que se propongan.

El Ascendente Leo tiene necesidad de mostrar su individualidad, así como expresar su creatividad.

En ocasiones, este Ascendente piensa que debe ser tratado como un rey, ya que su ego es muy grande. Ellos deben realizar un trabajo dinámico para ganarse el estatus que creen merecer, y no molestarse cuando no obtienen lo que quieren.

Su ego es fuerte y poderoso y además son teatrales y dramáticos. Estas personas deben aprender que cuando los elogios vienen de afuera, nunca será completamente feliz ni podrá alcanzar todo su potencial ya que estas circunstancias solo sirven para amplificar su ego. Las personas con Ascendente en Leo deben aprender a dominar su ego y si quieren triunfar deben enfocarse en sí mismas, y no permitir que ese lado vanidoso se apodere de ellos.

Aries – Ascendente Leo

Las personas con este Ascendente tienen mucho entusiasmo. Aries y Leo son dos signos de fuego, con mucho potencial, por eso se refuerzan el uno al otro.

Son personas con una autoestima por el cielo, que se refleja en cómo los demás los perciben. Sobresalen por su amabilidad.

En el área laboral sobresalen porque son luchadores, aunque en ocasiones pierden con facilidad sus cabales. Su personalidad egocéntrica puede interferir en su profesión porque se deja arrastrar por su orgullo y la necesidad de ser el centro de atención.

En el amor son muy sentimentales, protectores y, cuando se enamoran entregan todo su ser.

Algunas veces son tan vanidosos y arrogantes que se convierten en personas tóxicas y controladoras.

Tauro – Ascendente Leo

Tauro con Ascendente Leo vive en una búsqueda de placer constante. Esta combinación persigue el éxito, a nivel laboral y personal ferozmente. Aman tener estatus y prestigio.

En el trabajo hacen un esfuerzo activo por triunfar, y si no lo logran sufren grandes desilusiones.

Son apasionados y románticos, y les encanta cortejar, pero también ser cortejados. Si alguien les gusta, lucharán por conquistarlo.

Su punto negativo es derrochar en lujos.

Géminis – Ascendente Leo

Géminis con Ascendente Leo son personas muy comunicativas. Siempre están buscando cosas nuevas que hacer y sobresalen por su versatilidad.

Estas personas aman compartir e intercambiar ideas, por eso suelen escuchar y valorar todos los argumentos.

En el área profesional se interesan por diferentes ramas, y pueden triunfar en cualquiera. El problema es la dificultad que tienen para concentrarse.

En el amor, son personas seductoras y no tienen dificultad para hacer amigos. Cuando se enamoran luchan por estar con esa persona por todos los medios, y se comprometen hasta el final.

Algo negativo de estas personas es que les puede resultar fácil dejarse llevar por su ego, llegando a menospreciar las opiniones de los demás y tratando de manipular sus pensamientos.

Cáncer – Ascendente Leo

Las personas con este Ascendente son cariñosas y familiares. Poseen mucha empatía y comprensión siendo capaces de ayudar a los necesitados genuinamente.

Son idealistas y ambiciosos, por eso planifican muchos proyectos con optimismo y triunfan.

En el amor son personas intensas y cuando aman a alguien son fieles.

Esta combinación es un poco teatral y sentimental lo que hace que magnifiquen sus emociones y conviertan en tragedia hasta lo más mínimo.

Leo – Ascendente Leo

Leo con Ascendente Leo son personas de mucha vitalidad, seguras y que hechizan a todo aquel con el que tropiecen. Son lideres por excelencia.

En el trabajo están motivados por eso les gusta que se le reconozca públicamente, lo que los motiva a desarrollar habilidades valiosas

Son optimistas y seguras de sí mismos. Tienen la capacidad de afrontar cualquier desafío.

En la esfera sentimental son muy cariñosos y protectores. Ansían que se les reconozca y valore dentro de la relación. En ocasiones buscan más alguien que los admire a una persona que esté en su misma posición.

Leo con Ascendente Leo son autoritarios y egocéntricos, sobre todo, si tienen posiciones de poder.

Virgo – Ascendente Leo

Estas personas por lo general son poco ahorradoras, aunque no se dejan seducir por completo por los excesos. Poseen grandes ambiciones y son muy responsables con todo lo que hacen.

Laboralmente esta combinación tiene muchos recursos y sobresale por sus habilidades intelectuales. Son perfeccionistas y detestan el fracaso.

En el amor no son tan exigentes en sus relaciones, pero si les gusta una persona se desviven por conquistarlo.

Libra – Ascendente Leo

Libra con Ascendente Leo son sociables por naturaleza, accesibles con todo el mundo, lo que les permite comenzar relaciones con mucha facilidad.

Esta es una de las combinaciones que tiene equilibrio. Estas personas tienden a interesarse por el aprendizaje de materias intelectuales desde temprano en su vida.

En el área sentimental son seguros y decididos, muy apasionados y con dotes sociales.

Escorpio – Ascendente Leo

Esta combinación es de personas que se preocupan por el bienestar de sus seres queridos.

En lo laboral tienen energías y fuerzas para invertir en su trabajo. Normalmente son personas ambiciosas que buscan siempre desafíos e ideas novedosas que aplicar. Luchan hasta el final por conseguir todo lo que se propongan.

Son conquistadores, y nada los puede detener una vez que se les mete alguien o algo en la cabeza. Se dedican totalmente a su pareja y necesitan una vida con sexo y amor intensa para poder estar cómodos en su relación.

En ocasiones son dictatoriales, y no suelen escuchar las opiniones de los demás, ni tampoco consejos.

Estas personas se obsesionan y pueden destrozar parte de su vida, trabajo, y amistades.

Sagitario – Ascendente Leo

Sagitario con Ascendente Leo son personas bondadosas y con autoestima. Son cariñosos y amables, les encanta ver felices a los demás. Ofrecen su protección a todo su círculo cercano y tratan de complacer porque les nace del corazón.

Se desviven por encontrar su verdadera vocación. Son buenos comunicadores y sobresalen por sus múltiples talentos.

Estas personas son muy emocionales, les encanta amar y ser amados.

En ocasiones estas personas son vanidosas, pecan de narcisistas y se pierden en los placeres de la vida.

Capricornio – Ascendente Leo

Capricornio con Ascendente Leo son personas responsables, saben cómo gestionar la vida y todo lo que los rodea. Poseen una gran fuerza de voluntad.

En lo laboral, transmiten convicción a aquellos que los rodean, cuando tienen una meta la suelen alcanzar. Poseen dotes sociales y habilidad para los detalles. Si utilizan sus recursos correctamente pueden alcanzar una posición profesional reconocida.

En el amor son carismáticos, les gusta ser los jefes en sus relaciones llegando a ser autoritarios, pero saben reconocer que es o no razonable.

Algunas veces pueden llegar a ser demasiado crítico y sino enfocan sus cualidades pueden sembrar el caos.

Acuario – Ascendente Leo

Acuario con Ascendente Leo son personas que tienen ideales férreos y les encanta transmitirlos. Son personas que saben cómo imponerse y hacen que los demás escuchen sus opiniones con respeto y admiración.

En el trabajo les gusta sobresalir y ocupar puestos importantes. Son altruistas, pero tienen una parte egocéntrica que necesita del reconocimiento de los demás estar en equilibrio.

En las relaciones sentimentales buscan buena compañía y les encanta disfrutar de los placeres. Su pareja ideal es aquella que no es sumisa.

Cuando alguien los obedece pierden el temperamento fácilmente.

Piscis – Ascendente Leo

Piscis con Ascendente Leo son personas con mucha empatía, son atractivas y seductoras. Poseen un gran poder de imaginación y buena intuición.

En lo profesional poseen un olfato increíble para los negocios, además su magnetismo personal los lleva a posiciones de responsabilidad y poder fácilmente.

En sus relaciones pueden ser un poco egoístas, pero también altruistas con las personas que aman. Sin embargo, con su pareja son atentos y generosos.

Son proclives a ser personas vanidosas y egocéntricas. Ellos buscan llamar la atención a toda costa y esto les puede causar conflictos.

Saturno en Piscis, uno de los eventos astrológicos más importantes.

El 7 de marzo del 2023 fue uno de los días más importantes en el calendario astrológico de ese año. Saturno, el severo maestro, y señor del karma, se enfrentó con Piscis, el soñador. Este tránsito de Saturno en Piscis, que durará hasta febrero del 2026, no ha sido una mezcla bien recibida.

Saturno es un planeta de responsabilidad y autoridad estricta, que nos disciplina y estructura mientras transita a través del zodíaco. Saturno quiere cerciorarse de cómo estamos alcanzando nuestros objetivos, y cuando este planeta se mueve por Piscis, el signo más espiritual, algunas propuestas importantes se dirigen hacia nosotros. Plutón y Saturno, cambiando tan al unísono, traerán un volcán energético gigantesco, y garantizado que será un período inolvidable. Esto puede resonar como una fórmula para la batalla, pero este combo energético, en realidad, puede ser eficaz y provechoso.

Saturno no está satisfecho en Piscis. Es difícil para él fundar estructuras y construir la realidad cuando todo es movedizo. Piscis es un signo dual, por eso puede expresarse de formas opuestas; puede ser lo mismo trascendental, como práctico. Existe la posibilidad de que Saturno en Piscis indique la construcción de formas encima o debajo del agua, o para dominar el agua, como conductos, acueductos y puertos. Pero también puede revelar el derrumbe de estas estructuras debido a huracanes o fragilidad estructural.

El arquetipo de Piscis es contradictorio con Saturno. Representa la utopía, la creatividad, espiritualidad y el esoterismo, así como los sueños, las ilusiones, las mentiras y el escapismo. Simboliza la aspiración de fluir como el mar, deshaciendo las fronteras y las restricciones.

El último tránsito de Saturno en Piscis fue de mayo del año 1993 a abril del 1996, esta etapa vio los resultados del colapso de la Unión Soviética en 1989 que causó secuelas en todo el mundo y aplastó la economía rusa. Rusia emprendió la primera guerra Chechena en el año 1994 que se extendió hasta 1996. El Juzgado Penal Internacional para la ex Yugoslavia fue establecido en La Haya en mayo del año 1993 para procesar los crímenes de guerra realizados durante las beligerancias yugoslavas a principios de los años 1990. Por otro lado, la guerra de Bosnia, entre croatas, bosnios y serbios se extendió con crueldades y expurgación étnica, y variadas ejecuciones. La guerra concluyó en el año 1995, y la mayoría de los comandantes serbobosnios fueron culpados de genocidio y crímenes contra la humanidad. En 1994 el genocidio de Ruanda empezó cuando las bandas hutus asesinaron a más de 700,

000 tutsis, y fueron violadas una cantidad incalculable de mujeres durante la masacre, que definitivamente terminó en julio. La crisis del desarme de Irak, después que término la primera Guerra del Golfo, estaba en su apogeo con mucho ruido y ninguna confianza entre los implicados. Una secta en Suiza denominada la "Orden del Templo Solar", realizó una cadena de crímenes y suicidios masivos, y aquí en los Estados Unidos, Timothy McVeigh asesinó a 168 personas en el atentado de la ciudad de Oklahoma. Durante ese tránsito de Saturno por Piscis, fue cuando O.J Simpson fue detenido por el asesinato de su exesposa y el novio, y liberado después de un extenso juicio que fue todo un espectáculo al estilo de Hollywood. En Londres, Fred West y su esposa Rose fueron encarcelados después de las extracciones en el patio de su casa de los cuerpos de múltiples víctimas de asesinato. Sudáfrica tuvo sus primeros escrutinios multirraciales, y Nelson Mandela fue elegido presidente, aboliendo más tarde la pena de muerte en ese país. Rusia y China firmaron un acuerdo para parar de provocarse recíprocamente con sus artefactos nucleares, y el Tratado de "No Proliferación Nuclear" fue amplificado interminablemente por 170 países. En Australia se pactó indemnizar a los indígenas que fueron desalojados durante los ensayos nucleares en los años 1950 y 1960.

Otros eventos durante el tránsito de Saturno en Piscis comprenden corrientes religiosas, movimientos ideológicos como el socialismo y el izquierdismo, la transmisión de enfermedades y contagios, las conductas destructivas inducidas por el pánico, un incremento en el uso de drogas y desarrollo de todo tipo de arte, así como los medios de transporte marítimos.

Saturno en Piscis, va a procurar que no podamos utilizar la espiritualidad o el miedo para esquivar determinados conflictos que debemos enfrentar. Podemos meditar, ir a pasar cien años en el Tíbet, y utilizar los mantras más poderosos del universo, pero en algún momento, también debemos actuar.

Durante los últimos años que Saturno ha transitado por Acuario, ha existido la necesidad de concentrarse en la individualidad y ser más genuinos, en lugar de tolerar la coacción de los que nos rodean. Aunque Acuario es un signo conocido por bailar a su propio ritmo, como Saturno se trata de limitaciones, nos ha empujado a sentarnos solos con nosotros mismos (recuerda las restricciones durante la pandemia), y mirar dónde podemos situarnos para crear límites saludables.

Todas esas lecciones nos prepararon para lo que se avecina con Saturno en Piscis. Comenzaremos a ser más sensatos sobre cómo añadir la espiritualidad en nuestra vida diaria, mientras conservamos un entendimiento de como estructurarnos. Muchas personas abandonarán o cuestionarán las religiones o dogmas.

Por supuesto que hay muchos que no saborearán este período, entre ellos están los guías religiosos y los que promueven las teorías conspirativas. Veremos conflictos entre individuos de religiones disímiles, y muchas tendencias a tratar de dominar lo que los demás opten por creer. Necesitamos aceptar que solo porque otros no estén de acuerdo con nuestras creencias, no significa que estén equivocados. Sencillamente indica que sus puntos de vista son diferentes, porque al final del día, Piscis defiende la inclusión. Algo que carecemos.

Como Piscis y Neptuno rigen los negocios del entretenimiento, grandes estudios y compañías discográficas cerrarán, y muchos artistas que han estado conectados a esos estudios decidirán crear el propio. Si eres un artista, te interesará utilizar tu trabajo de forma beneficiosa, en vez de dejar que las grandes compañías en la cúpula disfruten los dividendos.

Disminuirá el interés hacia los efectos especiales y una orientación mayor hacia las películas autónomas, y los temas que reflejen lo cotidiano. Apreciaremos la belleza a nuestro alrededor, y estaremos menos motivados por el glamour.

El karma muchas veces tendemos a verlo como algo maléfico, pero recoger lo que siembras no es malo, siempre y cuando te hayas portado bien. Trabajar con nuestro bagaje kármico y subconsciente, entender el pasado y estar listo para dejar ir, es decisivo para desenvolverse en este tránsito y salir de él con éxito. Si esquivas esto, Saturno te sancionará, pero si lo abrazas, llegarás a un lugar que está predestinado a algo grandioso.

La ubicación de Saturno en nuestra carta natal indica dónde estamos obligados a obtener control de la realidad y asumir una mayor responsabilidad. Piscis es el último signo del zodíaco, por lo que el movimiento de Saturno aquí también indica un final o un punto de finalización para un ciclo mucho mayor.

Piscis es un signo de agua que representa la luz, la oscuridad y los mundos invisibles. Es conocido por sus ideas abstractas, y creatividad. Piscis es mutable, lo que significa que es adaptable, y abierto a las energías del mundo que la rodea. Saturno es una energía muy sólida. Rige sobre la ley, las responsabilidades y las restricciones, y su energía a veces puede sentirse como una llamada de atención, devolviéndonos a la realidad y haciéndonos enfrentar las consecuencias de nuestras acciones.

La presencia de Saturno en Piscis podría sentirse un poco pesada debido a todo esto, ya que la energía pisciana normalmente acuosa, intuitiva y sensible se verá obligada a volverse un poco más reservada.

Para entenderlo mejor puedes pensarlo de esta forma: si Piscis es agua que fluye suavemente, la presencia de Saturno va a construir diques, y estas retenciones pueden dirigir el agua en una dirección productiva y beneficiosa, pero también puede sentirse más opresora o controladora. Sin embargo, hay una manera de crear un equilibrio entre estas dos energías, ya que las ideas creativas, intangibles y externas de la energía pisciana pueden obtener algunas raíces gracias a Saturno.

Saturno tiene una energía práctica, así que, si combinamos esto con la creatividad de Piscis, hay un equilibrio que se puede lograr para ayudarnos a tomar nuestras ideas creativas y darles vida o incluso convertirlas en un negocio.

Piscis también está conectado con la religión y la espiritualidad, por lo que con Saturno podría haber muchas preguntas en torno a la religión y la espiritualidad y cómo está conectado con las reglas que gobiernan la sociedad, la industria espiritual también puede recibir una llamada de atención bajo esta energía, o a nivel personal tus propias actitudes y creencias sobre tu conexión espiritual o religiosa cambiarán.

Realmente Saturno lo que quiere es que demos un paso adelante y asumamos la responsabilidad de nuestras vidas y que actuemos de acuerdo con nuestro auténtico yo. Saturno puede imponer límites y restricciones que nos hacen sentir atrapados o sofocados, pero esto es solo para que podamos tomarnos el tiempo para descubrir lo que realmente queremos y lo que realmente estamos dispuestos a defender.

A continuación, puedes leer una síntesis de lo que el tránsito de Saturno en Piscis traerá para cada signo zodiacal. Si deseas obtener más provecho de toda esta información, te recomiendo que leas el de tu Signo Ascendente, si lo conoces y luego mezcles las interpretaciones.

Otra forma de obtener más información acerca de este transito planetario tan poderoso es que pienses en los temas que se desarrollaron en tu vida la última vez que Saturno estuvo en Piscis, que fue de año 1994 al 1996, para que obtengas información adicional sobre lo que este ciclo te puede traer.

¿Como afectará al Signo Leo?

A medida que Saturno transita por Piscis, es posible que te encuentres volviéndote hacia adentro. Habrá una fuerte atracción para comprenderte a ti mismo en un nivel más profundo y desbloquear procesos de pensamiento ocultos o patrones subconscientes.

Saturno en Piscis también puede traer una profunda transformación de algún tipo en la que se te guía para moverte a través de un proceso de muerte y renacimiento.

La naturaleza está constantemente en un ciclo de regeneración, los árboles pierden sus hojas, entran en la fase de muerte y en primavera, brotan de nuevo, entrando en una fase de renacimiento.

También está la historia del Ave Fénix, que se levanta de las cenizas. Es posible que te encuentres tomando un viaje de muerte y renacimiento con Saturno en Piscis.

Es posible que tengas que despejar un ciclo o eliminar una creencia o un estilo de vida obsoleto, y renacerlo en algo nuevo. Renacer un área de tu vida siempre puede traer sus desafíos y con Saturno involucrado, seguramente habrá desafíos.

Saturno es como un maestro estricto que te empujará a ser tu mejor versión. Saturno nunca nos empuja demasiado o muy poco, siempre parece saber la cantidad justa para sacar nuestro máximo potencial. A medida que avanzas a través de este ciclo de renacimiento, alcanzarás un nuevo límite de tu potencial.

Desbloquearás nuevas habilidades, viajarás a lugares nunca vistos y, en última instancia, saldrás de todo esto conociéndote mejor y más íntimamente.

Saturno en Piscis se trata realmente de conocer al verdadero tú. Se trata de despojarte de las máscaras, la falsedad, las cosas que te mantienen atascado o limitado, y pelar las capas para revelar una versión más verdadera de ti mismo.

Saturno está estrechamente conectado con nuestro contrato del alma, es el contrato que hacemos antes de llegar a este reino terrenal. Nuestro contrato de alma describe todas las cosas que el alma está destinada a aprender y moverse durante su tiempo en la escuela de la tierra.

El trabajo de Saturno es asegurarse de que estamos a la altura de los inquilinos de nuestro contrato del alma. Él quiere asegurarse de que estamos en el buen camino y haciendo lo que se supone que debemos hacer, por eso cualquier cosa que nos distraiga de nuestro camino será eliminada y cualquier deuda kármica que deba pagarse deberá resolverse.

Saturno en Piscis también puede provocar problemas relacionados con tu sexualidad y tus relaciones íntimas. Es posible que necesites reconectarte contigo mismo y con lo que te trae placer.

Es posible que desees explorar tu lado sexual o sentirte más cómodo con tu cuerpo. Saturno también puede traer algunos límites y restricciones, por lo que, si bien en última instancia se te anima a conocerte mejor y desarrollar una relación más profunda e íntima contigo mismo, puedes sentir lo contrario al principio.

Puedes sentirte desconectado de ti mismo y, por lo tanto, desconectado de tus deseos y de tu centro de placer. Es posible que no estés seguro de lo que quieres de tus parejas íntimas, o puedes tener dificultades para comunicar lo que te hace sentir bien.

Saturno en Piscis te está ayudando a intimar, pero primero necesitas hacer esto contigo mismo antes de poder hacerlo con los demás.

Tómate el tiempo para conocerte a ti mismo y lo que deseas, conéctate con lo que te excita, y tal vez trabaja en tus centros de energía. Nuestros chacras inferiores, que incluyen tú chacra raíz y el chacra sacro, están ubicados debajo del ombligo y están conectados a nuestros sentimientos de seguridad y nuestro sentimiento de deseo creativo.

Es sólo cuando nos sentimos seguros en nuestros propios cuerpos que podemos activar nuestros centros de placer. Por lo tanto, encuentra maneras de sentirte seguro y arraigado en tu propio cuerpo, y será más fácil volver a un estado de placer o alegría.

Es posible que mientras Saturno recorre Piscis, necesites descansar, Saturno te guiará para que asumas la responsabilidad de tu cuerpo y tu salud mental, te animará a buscar ayuda si la necesitas.

Cada vez que eres guiado en un ciclo de renacimiento, también tiene que haber alguna regeneración involucrada. Debes darte el tiempo y el espacio para recargar tus baterías para pasar por este ciclo.

Al igual que los árboles permanecen inactivos en el invierno, porque están preservando su energía, esperando el momento adecuado cuando los brotes vuelvan a florecer. Si los árboles nunca descansaran, no tendrían la energía para formar esos nuevos brotes.

Necesitas darte las mismas oportunidades y recordar que todas las cosas sucederán a su debido tiempo.

Como eres un signo de fuego, puedes sentir el deseo de apresurarte, pero Saturno en Piscis te enseñará paciencia para que puedas tomarte tu tiempo y considerar realmente por qué estás haciendo las cosas que estás haciendo.

Para cuando Saturno termine de recorrer esta parte de los cielos cósmicos, te sentirás más conectado con lo que eres en un nivel íntimo. Te sentirás más alineado con lo que te trae placer y cómo los demás pueden servirte, especialmente en tus relaciones íntimas.

Vas a entender lo que necesitas para asegurarte de lo que ya no es para ti.

Saturno en Piscis es definitivamente un tránsito un poco desafiante para ti, y te encontrarás con la necesidad de cerrar la puerta a algo.

Pero recuerda, Saturno está ahí para acercarte al camino de tu alma y a un estado más profundo de armonía y comprensión con lo que quieres de tu vida. Si sientes algún desafío que surge bajo esta energía, vuelve a ti mismo. ¿Qué es lo que realmente deseas? ¿Qué te parece correcto? Puede que no tengas todas las respuestas, pero siempre que Saturno está involucrado, es una buena idea volver a la responsabilidad.

Saturno quiere que asumamos la responsabilidad de nosotros mismos y de nuestras vidas. Quiere que nos apropiemos de lo que estamos poniendo en el mundo y de lo que decimos que queremos. Quiere asegurarse de que nuestra conversación esté alineada con nuestras acciones y que nuestros pensamientos estén alineados con nuestra alma.

Bibliografía

Algunas informaciones fueron extraídas de los libros publicados por las autoras: Amor para todos los Corazones, Dinero para todos los Bolsillos y Horóscopo 2022 y 2024.

Artículos escritos en el Nuevo Herald por una de las escritoras.

Acerca de los Autoras

    Además de sus conocimientos astrológicos, Alina A. Rubí tiene una educación profesional abundante; posee certificaciones en Sicología, Hipnosis, Reiki, Sanación Bioenergética con Cristales, Sanación Angelical, Interpretación de Sueños y es Instructora Espiritual. Rubi posee conocimientos de Gemología, los cuales usa para programar las piedras o minerales y convertirlos en poderosos Amuletos o Talismanes de protección.

    Rubi posee un carácter práctico y orientado a los resultados, lo cual le ha permitido tener una visión especial e integradora de varios mundos, facilitándole las soluciones a problemas específicos. Alina escribe los Horóscopos Mensuales para la página de internet de la American Asociation of Astrologers, Ud. puede leerlos en el sitio www.astrologers.com. En este momento escribe semanalmente una columna en el diario El Nuevo Herald sobre temas espirituales, publicada todos los domingos en forma digital y los lunes en el impreso. También tiene un programa y el Horóscopo semanal en el canal de YouTube de este periódico. Su Anuario Astrológico se publica todos los años en el periódico "Diario las Américas", bajo la columna Rubi Astrologa.

Rubi ha escrito varios artículos sobre astrología para la publicación mensual "Today's Astrologer", ha impartido clases de Astrología, Tarot, Lectura de las manos, Sanación con Cristales, y Esoterismo. Tiene videos semanales sobre temas esotéricos en su canal de YouTube: Rubi Astrologa. Tuvo su propio programa de Astrología trasmitido diariamente a través de Flamingo T.V., ha sido entrevistada por varios programas de T.V. y radio, y todos los años se publica su "Anuario Astrológico" con el horóscopo signo por signo, y otros temas místicos interesantes.

Es la autora de los libros "Arroz y Frijoles para el Alma" Parte I, II, y III, una compilación de artículos esotéricos, publicada en los idiomas inglés, español, francés, italiano y portugués. "Dinero para Todos los Bolsillos", "Amor para todos los Corazones", "Salud para Todos los Cuerpos, Anuario Astrológico 2021, Horóscopo 2022, Rituales y Hechizos para el Éxito en el 2022, Hechizos y Secretos, Clases de Astrología, Rituales y Amuletos 2024 y Horóscopo Chino 2024 todos disponibles en cinco idiomas: inglés, italiano, francés, japonés y alemán.

Rubi habla inglés y español perfectamente, combina todos sus talentos y conocimientos en sus lecturas. Actualmente reside en Miami, Florida.

*Para más información pueden **visitar el website** www.esoterismomagia.com*

Alina A. Rubi es la hija de Alina Rubi. Actualmente estudia psicología en la Universidad Internacional de la Florida.

Desde niña se interesó en todos los temas metafísicos, esotéricos, y práctica la astrología, y Kabbalah desde los cuatro años. Posee conocimientos del Tarot, Reiki y Gemología. No solo es autora, sino editora juntamente con su hermana Angeline A. Rubi, de todos los libros publicados por ella y su mamá.

*Para más información pueden contactarla por email: **rubiediciones29@gmail.com***